可能性としての東アジア

子安宣邦
KOYASU Nobukuni

白澤社

はじめに――「東アジア問題」をどう考えるか

本書『可能性としての東アジア』を構成する論文のほとんどはこの世紀に入ってから私が韓国や台湾などでした講演や講義の原稿からなるものです。なぜそうなったのか。この問い自体がまさに私がここで書くべき問題を含んだものです。すなわち「東アジア」問題とは、私の「東アジア」世界との主体的関わりと不可分な問題だということです。したがってここで書くべきこの書の序言もまた私の「東アジア」世界との具体的な関わりから書き始めます。

二〇一五年の春に私は思想集団「アソシエ」の総会で「中国と東アジア問題」をめぐって話すことを求められました。だがそれを承知した後に送られてきた総会の案内状でこの講演会のテーマが「東アジアと日本の選択」となっていることを知りました。もし初めからこのテーマを告げられていたら、私はここで話すことを断っていたでしょう。私は「日本の選択」として「東アジア問題」を考えたりしているわけではないからです。したがって私は「東アジアと日本の選択」という演題への批判と私にとっての「東アジア問題」とは何かを講演の草稿として書き始めました。実際には他の講演者の提示した問題との関係で私の用意した「東アジア問題」は語られることなくファイル中に残されました。いまあらためて本書の序言として甦ることになりました。

「東アジア」を「日本の選択」問題として一体だれが考えることをするのでしょうか。「日本の選択」とは「日本の国家的な戦略的方向づけ」をいうのでしょうか。それを考えるのは日本の政権担当者か、国家的官僚か、国際政治学者か、政治評論家か、あるいは国家的課題の闡明を己れの課題とした学者知識人でしょう。だがその書き手に学者知識人を想定しても、雑誌『世界』の巻頭論文を書くような学者知識人の言説が重みをもっていたのは六〇年代までだといわざるをえません。いいたいことは「東アジアと日本の選択」といったテーマの時代錯誤です。

私はこの年の三月下旬に講演のために台湾に行きました。台湾史研究所での私の講演テーマは「日本思想史の成立について」でありました。これは「台湾」とともに「台湾思想史」の自律的存立に向けての戦いの中で、「日本思想史」の既成の存立の意味をどう考えるのかという、「日本思想史」の存立自体を問い返すような問題を含むものでありました。私は自分に与えられた課題の意味を図りかねて、到着早々に主催者にその課題の真意を尋ねる始末でした。「日本思想史の成立について」とは「日本思想史」が当たり前に存立していること自体についての問い直しを意味することを私は初めて理解しました。私が台湾に行き、現地の知識人・学生と交わる意味は、われわれの自明の思想的、精神的存立自体を問い直すことにあるのです。その講演会の帰途、街中の一室で行なわれていたティーチ・インといった形式の討論会に立ち寄りました。そのテーマとして壁に貼られていたのは「精神の叛乱」という言葉でした。ここには現在の台湾の研究者・学生たちのもつ思想的緊張感が表現されています。

私は六三歳で国立大学を定年退職し、七〇歳で第二の職場であった私立の女子大学を定年退職してはじめて一人の年金生活する市民となりました。そのときはじめて一人の市民として世界の諸問題、ことにアジアの問題、あるいは中国の問題を考えることの困難を感じました。逆にいえば大学という施設・制度の内部にあったとき、私はいとも容易にアジアを、中国をほとんど自動的に語っていたということです。ことに国立大学にあった時、私は知らずして日の丸を背にして留学生に当たり、指導していたのでしょう。それは本気で、一市民としてアジアを考えることをしていなかったことを意味しています。私は肩書きを失ってはじめて一市民という己れの立場を自覚したのです。同時に一市民としてアジアを考え、中国を考えることの重要さとともにその難しさをも知ったのです。

中国をめぐる問題を私の「中国問題」にしていったのは、「〇八憲章」の起草者の一人である劉暁波の拘留問題へのコミットを通じてです。「〇八憲章」とは現代中国におけるはじめての市民（公民）的立場からする〈もう一つの政治〉への希望の提示でありました。この〈劉暁波問題〉にコミットしたことは、実に多くのことを私に教えました。ところで私がこの問題を知り、この問題にコミットしていったのはまったく個人的な動機と手段に基づくものです。私はネットを通じて情報を知り、個人的に発言していきました。インターネットはこうした問題についての情報収集を可能にし、個人的発言を社会的発言にもしていくのです。

この問題にコミットすることで第一に私が教えられたのは、中国の政治体制的問題については問わないという政経分離という国家間関係は、経済優先の馴れ合い的関係であって、中国の〈非民主的〉政治体制を強化させるだけではなく、日本の〈民主的〉政治体制をも劣化させるものだということです。「〇八憲章」と劉暁波を抹殺するということは中国だけがやることではないのです。日本もまたこれに眼を塞ぐのです。中国の政治体制批判と自立的市民運動の支援は、日本においては少数の孤立した運動でしかありません。日本の〈良識〉をいわれる新聞社・出版社にも中国問題についての言論的な自主規制があるのです。私は「〇八憲章」と劉暁波の問題にコミットすることを通じて中国よりも、むしろ日本で孤立化していきました。これは恐ろしい事実です。中国よりは日本でむしろその劣化を憂れえねばならないのはこの国の〈デモクラシー〉だと思います。

私は東アジアのこの戦争と戦後の二〇世紀を通じて一つの〈歴史問題〉があるのではないと思っています。いまあるのは世界の超大国中国によって、またすでに経済先進国である韓国によって主張される二一世紀の〈歴史問題〉だと考えます。そしてこれらはそれぞれにナショナリズムを喚起しながらなされる国家的主張です。しかし対外的なナショナリズムは本質的に国内問題に起因しながら、その問題を隠蔽します。東アジアのそれぞれの国・地域にあるのは増大する経済格差と社会的分裂の危機です。ナショナリズムは国家とともにこの危機を隠蔽し、人びとをそれに直面させることをしません。

私は二一世紀のナショナリズム（国家主義・民族主義）を歴史的な反動思想だと考えています。〈大中華民族主義〉は中国の〈帝国〉的存立を正当化し、〈帝国〉の厖大な三流の構成者を周辺に生み出しています。日本のナショナリズムは日米安保による対抗〈帝国〉化のなかで沖縄の住民に〈基地〉下の民としての長い隷従を強いています。ナショナリズムは東アジアに緊張を作り出しながら、この地域を〈帝国〉間の緊張と〈帝国〉的再編の場にしてしまっているのです。

だが繰り返されてきた政経分離という馴れ合い的和解は東アジアの〈帝国〉間で繰り返し実現するでしょう。しかしそこからもたらされる東アジアの平和とは、見せかけのものでしかありません。政治的には何も変わることはないのです。われわれはこの見せかけの平和ではない、東アジアの本当の平和を、すなわち〈もう一つの東アジア〉を提示し、それを実現しなければなりません。それを可能にするのは社会的危機に直面するそれぞれの国・地域における市民たちによる〈もう一つの政治〉を要求し、それを実現しようとする力であり、運動であるでしょう。この〈民の力〉を小田実は〈でもくらてぃあ〉といったのです。〈もう一つの東アジア〉を可能にするのはこの〈民の力〉であり、その連帯です。私が台湾における〈もう一つの台湾〉を求める学生・市民の民主的決起に東アジアの希望を見出したのはそれゆえです。

（本稿は二〇一五年四月二五日という日付をもった講演原稿である。）

可能性としての東アジア＊目次

カバー・本扉写真＝台湾・清華大学での講義（提供＝著者）

一　昭和日本と「東亜」の概念

1　「東亜」の語

いまここで私が論題に「東亜」という語を用い、「東アジア」といわないのは、「東亜」の表記が負っている歴史的意味を見失わないためです。最近日本で出版された『東亜の構想』と題された本は、表題中の「東亜」の語を、それがかつて担った歴史的イデオロギーを肯定する意味ではなしに、ただ「単に東北アジアと東南アジアの両者を含む東アジアという地理的概念として用いる」(1)とことわっています。「東亜」の語をその歴史的な意味から離れて「東アジア」の語と互換可能な概念として使用するとその書の編者はいっているのです。両者が互換可能な語となるとは、この編者がいうように「東亜」がそれが負う歴史的な意味からひとまず離れて「東アジア」と互換可能な地理的な概念になるということです。「東亜」を「東アジア」とともに地理的な概念にしてしまうことに、現在の日本におけるアジアをめぐる問題の曖昧さが集約されているように私には思われます。「東亜」という語はそう簡単に「東アジア」と互換可能な地理的概念にしてしまってよいでしょうか。

象徴的意味を強く負う漢字表記は、その表記を変更させることによって旧来の表記が負っていた歴史的な意味を容易に漂白させてきました。たとえば「支那」を「中国」に変えることによって日本における中国観の転換を人々に錯覚させたようにです。「支那」「支那人」「支那学」という表記には近代日本の中国認識のあり方が刻印されています。それを「中国」「中国人」「中国学」と書き換えることだけでそれらの語が担った歴史的な意味を漂白させていいとは私は思っていません。「東亜」についても事柄は同様です。「東亜」は一九四五年にいたる帝国日本の歴史過程と深く結びついた概念です。「東亜」だけではなく、「亜細亜」も「東洋」も同様です。それらの語とともに二〇世紀前半期の日本人は東アジアへの、あるいはアジアへの視線を確立し、みずからの対外的行動を動機付けてきたのです。「東亜」とは他の「東洋」などと同様に歴史的な概念です。決して単なる地理的な概念ではありません。

私がここで問題にしようとするのは「東亜」の概念とともに立ち上げられた日本人のアジア観です。そのことを問うことによって「東亜」から「東アジア」への日本人の転換が、すなわち一九四五年を境としたこの転換がいかなる意味でのアジア観の転換であったのか、何が変わり、何が変わらなかったのか、何を失い、何を得たのか、何に目を閉じ、何に目を向けようとしたのかを明らかにしたいと思っているのです。そしてそのことによって、大きな世界史的な転換点にある現在の日本からする東アジアへの立場は、どのような立場がいかにして可能であるかを探り出したいと思っているのです。

ただ私のこの発言の場がソウルであることをふまえてお断りしておけば、私の「東亜」の語をめぐる問題構成はあくまでこの語をめぐる日本人の歴史的体験をふまえたものであるということです。アジアの問題は日本人にとって二〇世紀日本の歴史的体験を離れて論じることはできないし、論じてはならないと私は考えております。日本人の歴史的体験における「東亜」がここでの私の問題です。日本における「東亜」概念をめぐる歴史的な反省に立ちながら、どのように東アジア共通のこの会議での議論につなげていくかが私の報告に課せられた問題だと思っております。

2　文明論的「東亜」

帝国日本の一九三〇年以降の歴史的段階で「東亜」の概念は強い政治的な意味を担ってその内包する意味を膨張させていきますが、それに先立ち、それに併行しながら存在するのは文化史的な、あるいは文明論的な概念としての「東亜」です。そのことは近代日本で「東洋」がまず岡倉天心による文明論的な東洋像として成立することと同様な事態だと考えられます(2)。東亜美術史、東亜文明史、東亜考古学といった呼称をもって昭和日本の学術的世界で文化史的な言説が展開されます。京都帝大の総長でもあった考古学者浜田耕作（青陵）に『東亜文明の黎明』[3]という東亜考古学を概観した著書があります。その書の序文で浜田は「東亜文明史」への関心をこう説明しています。

「一体支那を中心として、其の東方に接してゐる朝鮮半島と、日本群島とは、其の天然の地形上古来一つの親密なる文化的団体を形成して来たものであることは、今更申すまでも無いのでありますが、此の東亜の文明が如何にして起つて来たか、又た如何なる径路によつて、其の団体の各部に文化が波及したか、又た其の年代は如何などと云ふ問題は、我々に取つて最も痛切に興味を感ずる問題であります。」「私は是から主として考古学上から、支那を中心として朝鮮・日本、則ち東亜の文明の源流に就いて、……極く其の荒筋を述べて見度いと思ふのであります。[4]」

この文化史的な、あるいは文明論的な著述において「東亜」ははっきりと地域的に区画されています。すなわちこの文明の起源としての中国と、その中国と同一の文明圏を構成するものとしての朝鮮と日本とを包括する地域です。それは中国文明圏と呼びうる地域です。しかし浜田はその文明を「東亜文明」と呼び「支那文明」と呼ぼうとはしません。「東亜文明史」とは、それゆえ中国を中心とした文明圏に包括されている地域で、中国以外の国・地域から立ち上げられる中国文明への新たな学術的視点によって構成される概念だということになります。その新たな学術的視点とは近代的な歴史学・考古学や文化史・芸術史などによる視点です。したがって二〇世紀の早い時期にすでにそのような学術的視点をもった日本がまず文明論的、文化史的「東亜」概念を構成していくことになります。まさしく「東亜考古学」を語る浜田耕作とは、近代考古学の礎石を京都帝大にはじめて置いた人物なのです。

この文明論的「東亜」の概念はいくつかの重要な問題を私たちに示唆しています。まず「東亜文明」とは「中国文明」についての代替的な呼称だということです。たしかにそれは脱亜的な日本に成立する〈オリエンタリズム〉が構成する概念ではありますが、「東亜」とは中華主義的な文明的中心への一元的ベクトルを変容させたところから生じた地域的な文化概念なのです。したがって新たな文化概念としての「東亜」は、地域内での多元的な文化的発展を予想するものです。この文化概念としての「東亜」との関連のなかで、新たな「東亜学」をめぐるこソウルで展開される議論も、また「東亜儒学」をめぐる台北の研討会の議論[5]をも考えたいと思っていますが、それについては本論の最後にのべるつもりです。

しかしこの文化概念としての「東亜」は、帝国日本の学術的視点からなるものとして、やがて帝国日本の構成する政治的概念「東亜」あるいは「大東亜」に呑み込まれていかざるをえません。

3 「東亜協同体」の理念

「大東亜戦争」と呼ばれた戦争の遂行がどのように「東亜」や「大東亜」、さらに「東洋」や「大アジア」の概念を構成することになるのか、戦前・戦中・戦後にかけて状況に応じた論説を構成していった日本の一社会科学者の言によって見てみましょう。

「日満華の東亜、南洋を含む大東亜、さらにインドを包含する東洋の諸民族を結集団結し米英の東洋侵略を駆逐して大アジアの一体基盤を工築すべき軌道は何であるか。日本は、三千年の東洋文化の精髄を体現し、且つ支那インドの大陸文明と太平洋（その副海洋たるインド洋「南海」を含めて）の海洋文化の中心点に国を成し、近世に至り西洋の文化・科学を摂取して、東西洋の文化を融合しつつ、東洋の中心勢力となつて来つたのであるから、東洋文化の近代的渾一の将来に対して見透しを与へ軌道を敷く上で極めて適任なる資格をもつ。(6)」

　ここには日本の戦争遂行がその帝国主義的な戦略的視圏の拡大とともにどのように地域概念を構成していくかがよく示されています。そしてこの戦略的なアジア概念は、岡倉天心による文明論的な「東洋」概念および東洋文明史における日本の位置付けを政治的に読み替えることで構成されていることをも示しております。この発言者平野義太郎が明らかにするように政治的な地域概念「東亜」や「大東亜」は、一九三七年の日中戦争の開始と中国大陸内部への戦争の拡大、そして一九四一年の太平洋戦争の勃発と南方地域への戦線の拡大とともに構成されてくる概念であります。日本の近代史の過程に展開されるさまざまなアジア主義的な言説がこの政治的「東亜」概念をもたらしたというように考えるのは正しくありません。むしろ事態は逆なのです。日本の中国、そしてアジアにおける戦争の遂行が既成の諸イデオロギーを呼び集めながら新たな「東亜」「大東亜」概念を構築していくのです。その新たな「東亜」とは「東亜新秩序」の理念として、さらに「東亜協同体」の構想として展開されていく概念です。

「戦争は前からあつた変化の方向をあらはにし、これを決定する役割を演ずるものと見た方がよい。戦争と云ふよりは戦争の進展によつてこの事態が明白にされてくることから、自づと歴史の進行ははつきりした認識が出来るやうに成るのである。(7)」

これは一人の社会学者が書いた『東亜協同体の理想』中の一文です。これは「東亜協同体」論という言説がまさしく戦争という状況への事後的な、いわば事件の後追い的な理論化の言説であり、しばしば事件の正当化のための説明に堕さざるをえない性格をもったものであることを明らかにしています。日中戦争という予測を超える事態の進展が学者・知識人に慌ただしくその理論化を要請するのです。「東亜協同体」をめぐっての汗牛充棟をなす著述のほとんどすべては、この戦争という事態をめぐる後追い的な言説からなるものです。中国の現状へのすぐれた認識者であった尾崎秀実が「現下の状勢のもとにおける「新秩序」の実現手段として現われた「東亜協同体」は、まさしく日支事変の進行過程が生んだ歴史的産物である[8]」という通りです。

ここで尾崎が「新秩序」といっているのは、一九三八年一一月の武漢占領後に近衛首相によってなされた声明、すなわち「帝国の冀求する所は、東亜永遠の安定を確保すべき新秩序の建設に在り、今次征戦の究極の目的亦此に存す」とするいわゆる「東亜新秩序」の声明によっています。「東亜新秩序建設は中国併呑の別名である[9]」と蒋介石は直ちに非難しましたが、この声明にしたがうようにして、世界における「新秩序」としての「東亜協同体」の理念が急速に日本で構成されていきます。この「新秩序」とは欧米先進帝国主義国による世界支配としてある「世界旧秩序」に対するものであり、その再編成を要求するものです。「世界旧秩序」に対して「東亜」の協同体的世界を、新たな世界史的使命を担う「新秩序」として構成しようとするのです。「東亜協同体」論を構成する「新秩序」の主張とは、したがって東アジアにおける日本の帝国主義的な覇権確立の意図と行動とを、英米に対する「日満支」共同の「東亜新秩序」建設の聖戦へと読み替えていくことからなるものです。「東亜新秩序」建設の主張とはアジアにおける先進国であり、しかし後進帝国主義国である日本が後進アジアの諸民族の自立の要求を理念的に代表してなされる世界既存秩序の再編成の要求です。中国大陸における日本の帝国主義戦争そのものが生み出し、要請したこの読み替え作業に、すなわち「東亜新秩序」の理念化と理論化の作業にアジア主義的論客はもちろんとして西田哲学系の歴史哲学者たち、アカデミズムの歴史学者や政治学者たち、日本浪曼派を中心とした文学者たち、そしてマルクス主義的な中国・アジア社会の社会科学的分析者にいたる昭和初期日本の学者・知識人の多くが動員され、またみずから積極的に参加していきます。「東亜協同体」論とはたしかに日本の中国・アジアにおける帝国主義戦争が生み出した理論的産物であります。しかしそれは当代日本の学者・知識人の多くがはじめてかかわったアジア問題をめぐる理論構築の歴史的体験であったのです。「東亜協同体」論はしたがって日本からアジア問題を考えようとする私たちにとって避けることのできないいくつかの再検討の課題を提起しています。(10) それは私たちにとって重要な〈負の遺産〉としてあるものです。

ここでは、「東亜協同体」論を構成する論理や問題がきわめて見えやすい形で表現されている議論の一節を引くことだけにとどめます。

「満州を東洋の重工業地帯とし、支那を東洋の軽工業地帯とし、日本を東洋の高度産業地帯とした東亜協同体建設の可能性は事変の進行と共に、事変そのものが持つ歴史的な必然によって描き出されてきたのである。『持たざる国』としての日本の苦悩も、民族国家として民族産業による社会的統一と近代国家へ発展せんとする支那の焦燥も、この日支協同の紐帯が建設される事によって解決へ向ひ得る事となるのである。しかも日支間にこの協同体的紐帯が建設されるならば旧き世界の資本主義及び共産主義秩序は、東洋に於てはこの新しい民族国家と民族国との国際秩序に代替せられるであらう。[11]」

4 「東亜」から「大東亜」へ

いわゆる「大東亜戦争」の開始は「東亜」を「大東亜」の概念へと拡大させます。この「東亜」から「大東亜」への地域概念の拡大は戦線の南方諸地域への拡大にともなうものでしたが、しかしその拡大はイギリスやアメリカ、そしてオランダなどを植民地本国とした諸地域への戦線の拡大として日本の対外的認識に新たな要素を加えることになります。「南方」が日本の戦略的関心とともに強い認識上の関心が向けられる対象地域として登場してくるのです[12]。

その「南方」とは、「日満支」として日本と一体視され、内部視された東北アジアとは異なる、日本にとってのいわばアジア内の外部としての東南アジアです。その「南方」への戦略的な、そして認識的関心の拡大が「大東亜」という新たな「アジア」概念を構成し、そこに「南方」を包括していこうとするのです。この新たな「アジア」概念こそ「大東亜」の呼称の消滅後も「アジア」あるいは「東南アジア」の概念として戦後の日本に生き残っていく地域概念です。

「大東亜共栄圏」とは太平洋戦争を通じての「南方」への日本の戦略的、認識的関心の拡大とともに構成されてくる理想です。この理想は「東亜新秩序」建設の理念を新たに拡大された「大東亜」に適用することからなりますが、しかし「南方」への拡大は「東亜新秩序」が内包する論理をいっそう強く際立たせることになります。すなわち米英などによる植民地支配からのアジア諸民族の解放と独立、さらに諸民族間の相互互恵的な協力関係の樹立の要求を反映させ、理念の上で表明することになります。一九四三年に東京で開催された大東亜会議の「大東亜共同宣言」はこうのべています。

「抑も世界各国が各其の所を得、相倚り相助けて万邦共栄の楽を偕にするは、世界平和確立の根本要素なり。然るに米英は自国の繁栄の為には他国家他民族を抑圧し、特に大東亜に対しては飽くなき侵略搾取を行ひ、大東亜隷属化の野望を逞うし、遂には大東亜の安定を根柢より覆さんとせり。大東亜戦争の原因茲に存す。大東亜各国は相提携して大東亜戦争を完遂し、大東亜を米英の桎梏より解放して其の自存自衛を全うし、左の綱領に基き大東亜を建設し、以て世界平和の確立に寄与せんことを期す」として五つの綱領を掲げています。その綱領の第二は「大東亜各国は相互に自主独立を尊重し、互助敦睦の実を挙げ、大東亜の親和を確立す」とい い、最後の第五の綱領は「大東亜各国は万邦との交誼を篤うし、人種的差別を撤廃し、普く文化を交流し、進んで資源を開放し、以て世界の進展に貢献す(13)」というものです。

日本にとってのアジア内の外部である「南方」を含み込んだ大東亜会議は、たとえそれが日本の戦争遂行のための協力会議であったとしても、「自主独立」と「人種差別撤廃」を宣言せざるをえないのです。この宣言は米英に対するアジアからの日本の戦争が放つアイロニーだというべきでしょう。

しかし「大東亜共栄圏」の理想と帝国主義戦争の現実とのギャップは、前者の理念性が高いだけにいっそう甚だしいものになりました。アジアの復興を標榜した「大東亜戦争」は、しかしアジア諸地域・諸民族の日本に対する不信を残すだけのものであったのです。

5　「東亜」は死に「東アジア」は生まれたか

一九四五年の敗戦は日本が立ち上げた「東亜新秩序」の理念、「大東亜共栄圏」の理想の瓦解でした。日本の政治的地域概念「東亜」は死んだのです。ではそれに代わって「東アジア」の概念が新たな視点とともに日本に生まれたのでしょうか。

日本は戦後過程においてアジアへの視点をもつことをみずから抑制したというよりは、アジア問題への国家的判断を停止したまま過ごしてきたといえます。この日本の判断停止状態を、東アジアにおいて戦後直ぐに始まった冷戦構造がゆるしてきました。東アジアに対して日本がとりうる国家的視点は、アメリカの戦略的な視点にしたがうものでしかなかったのです。国際秩序に復帰した後も日本はなし崩し的な国家関係の修復以上のことをアジア諸国との間に実現しようとはしていません。日本の近現代史がもっとも大きな傷痕を残した東アジア[14]、ことに中国、韓国・朝鮮との間もまた同様です。それは度重なる歴史問題の再燃が示している通りです。「東アジア」とは戦後日本が積極的な関係の再構築を留保してきたアジアの地域なのです。戦後日本にとって「東アジア」とは新たに構築されることなく喪失された地域概念なのです。この「東アジア」概念の喪失に反して、「東南アジア（南方）」を重要な領域として含み込んだあの新たな「アジア」概念は、日本の経済復興と再強国化とともに復活し、地域研究上の大きな賑わいをもたらしてきました[15]。

しかし一九八〇年代の終わりから始まった冷戦構造の崩壊は世界秩序の再編成の動きをもたらしています。この世界秩序の再編成の動きのなかで、日本の位置付けをめぐって「アジア」が再び重要な問題領域を構成しつつあります[16]。ところでこの世紀の変わり目に起こりつつある世界秩序の再編成の動きとは、国家間的な関係（inter-national relationship）の再編成によって終りを告げるような動きではないと私は思っています。二〇世紀の国家間的な関係としての国際システムの動揺こそがいま生じている世界の再編成の動きなのです。したがって新たな「アジア」とは決して新たな国家間関係からなるものであってはならないはずです。ではどのような「アジア」が可能なのか。

ここで私はさきに示唆しておいた文化概念としての「東亜」をあらためて呼び起こしたいと思います。文化概念「東亜」とは中華主義的な文明の一元的な指向を相対化する形で構成されました。文化概念「東亜」とは中国を起源とする文明の広い共通性の基盤に立ちつつ、地域内の多元的な文化の発展をフォローしようとする文化史的な地域概念でした。しかし考えてみれば文化的な地域概念ばかりでなく、一般に広域的な概念、たとえば「大東亜」というきわめて政治的な広域概念でも、その概念を建前として前提することによって、理念上とはいえ自民族・自国中心主義はある程度制約されざるをえなかったのです。たしかにそれは理念の上での表明にすぎなかったわけですが、「大東亜宣言」は域内諸民族の自主独立と共存共栄を宣言せざるをえなかったのです。[17]このことは喪失した「東アジア」の概念をもう一度救い出し、新たに甦らせる道がどこにあるかを教えています。

「東アジア」という文化の広い意味での共通性に立って、「東アジア」が広域的概念としてもちうる自国・自民族中心主義を相対化する機能を重視しながら、「東アジア」を国家間の関係枠としてではなしに、政治から文化にいたる多様な領域の、そして空間的にも多層多重の関係枠として用い、その関係枠によって世界に通じながら域内相互の発展をはかっていく道です。それは「東アジア」を実体化せず、方法的な関係枠としての地域概念にしていくことです。それこそ日本の覇権主義によって汚された「東亜」から新たな「東亜（東アジア）」を甦らせる道であると思います。そして東アジアにおける人々と歴史的反省に立った日本人との、それぞれの多様な生活領域・文化領域を通じての交流の実践こそが、「東アジア」を真に意味ある地域概念にしていく道であるでしょう。

〈注〉

（1）大沼保昭編著『東亜の構想――21世紀東アジアの規範秩序』（筑摩書房、二〇〇〇）。

（2）「アジアは一つ」の言明で知られる岡倉天心の『東洋の理想』（英文原著は The Ideas of East with Special

Reference to the Art of Japan.London, 1903）はインド・中国文明を包括する文明概念としての「東洋」を確立する。

（3）浜田青陵『考古学上より見たる東亜文明の黎明』（創元社、一九三九）。本書の内容は昭和三年（一九二八）十一月に京都帝国大学でなされた三回の特別講演をもとにしている。

（4）同上書、序文、二 - 三頁。

（5）台湾大学の黄俊傑教授を中心に「近世東亜儒学」をめぐる大きな研究計画が推進されている。中国、朝鮮、日本儒学を包括する「東亜儒学」というとらえ方は文化一元的な儒学理解を相対化する視点を含んでいる。「台湾儒学」という同じく台湾で推進されている研究計画とともに私は強い関心を抱いている。

（6）平野義太郎『大アジア主義の歴史的基礎』（河出書房、一九四五）、六頁。平野は中国社会経済史についてのマルクス主義系社会科学者として出発し、戦中にアジア主義の基礎付け的な論説を展開し、戦後は日共系の平和運動家として活躍した。

（7）神明正道『東亜協同体の理想』（日本青年外交協会、一九三九）、七頁。

（8）尾崎秀実「「東亜協同体」の理念とその客観的な基礎」（『現代支那論』所収、勁草書房、一九六四）一九四頁。尾崎のこの論文は「中央公論」一九三〇年一一月号に掲載された。一九四四年一一月にゾルゲ事件に連座して処刑された尾崎はこの論文で、「真実の東亜協同体は支那民族の不承不承ではなしの積極的参加がなくしては成り立ちえない」（同上、二〇〇頁）といっている。

（9）一九三九年四月の重慶における蔣介石の内外記者団との会見における発言。前掲・尾崎『現代支那論』から引用、一九〇頁。

（10）「東亜協同体」論は「近代の超克」としてのヨーロッパ的近代の批判と世界史の再構成、世界の多元的再編成としての「広域圏」の概念構成、さらに東洋的社会についての歴史学的・社会学的分析など再検討を要する多くの問題を包括している。

(11) 杉原正巳『東亜協同体の原理』(モダン日本社、一九三九) 一六八－九頁。傍点は子安。

(12) 日本にとってのアジア内の外部としての「南方」への支配的な認識視圏の拡大は新たな「アジア」概念をもたらすばかりではなく、さまざまな認識上の課題を日本にもたらすことになる。日本の国家圏内とみなされた満州・朝鮮・台湾を超えた新たな支配圏がもたらす問題である。「国語」教育以外に新たな「日本語」教育が要請されてくる、など。戦後日本の対外関係、対外認識に影響を与えるような問題が「南方」の成立とともに生じている。「国語」「日本語」問題については私の論文「〈国際語・日本語〉批判」(『方法としての江戸』所収、ぺりかん社、二〇〇〇) を参照されたい。

(13) 大日本言論報国会編『大東亜共同宣言』(同盟通信社、一九四三)。

(14) 「大東亜戦争」が東南アジアにもたらした傷跡については後藤乾一『近代日本と東南アジア――南進の「衝撃」と「遺産」』(岩波書店、一九九五) 参照。

(15) アジア研究所を中心とした東南アジアの社会経済的地域研究は国策的背景をもちながら大きな蓄積をなしてきた。近来、京都大学の東南アジア研究所を中心として「東南アジア学」が唱えられ、『講座東南アジア学』全一〇巻(弘文堂) が出版されるにいたっている。

(16) 一九九〇年代に入って「アジア」は日本の言説上の重要な主題になってきている。管見に入ったかぎりでの現代アジア論および近代日本とアジア関係史をあげておこう。
岩波書店編集部編『新しい世界秩序とアジア』(同時代ライブラリー、岩波書店、一九九一)、溝口・浜下・平石・宮島編『アジアから考える』全七巻(東大出版会、一九九三－九四)、後藤乾一『近代日本と東南アジア』(岩波書店、一九九五)、萩原宜之・後藤乾一編『東南アジア史のなかの近代日本』(みすず書房、一九九五)、斎藤次郎・石井米雄編『アジアをめぐる知の冒険』(読売新聞社、一九九六)、功力達朗監修

『歴史の共有　アジアと日本』（明石書店、一九九七）、青木保・佐伯啓思編著『「アジア的価値」とは何か』（TBSブリタニカ、一九九八）、岡本幸治編著『近代日本のアジア観』（ミネルヴァ書房、一九九八）、日本政治学会編『日本外交におけるアジア主義』（年報政治学、岩波書店、一九九八）、ピーター・ドウス・小林英夫編著『帝国という幻想――「大東亜共栄圏」の思想と現実』（青木書店、一九九八）、青木保『アジア・ジレンマ』（中央公論社、一九九九）、石井米雄編『アジアのアイデンティティー』（山川出版社、二〇〇〇）。前掲・大沼保昭編著『東亜の構想』。

（17）この点について士佐昌樹がきわめて示唆的なことをいっている。「通常はさまざまな現実的制約からそうした枠組みに自民族中心主義がむき出しで作用することは注意深く避けられるものである。例えば、戦前の日本でも現実に自らの版図に属する異民族の存在ゆえに、建て前としての多民族共存への配慮が働いていたし、あるいはイランの「反世俗主義」的な自己主張にしても、イスラムという国家を超える枠組みに対する配慮ゆえに自国のネイションだけを独善的に称賛する傾向は抑えざるをえない。「アジア」とはその意味で、自民族中心主義への傾向と世界の時流にキャッチアップする必要との妥協が、多元的社会における現実政治との複雑な相互作用とのなかで作り出す修辞法であるともいえる。」（「韓国の反アジア的パラダイム」『「アジア的価値」とは何か』所収）。

（東アジア学国際学術会議（二〇〇〇・一一・二三 - 二四、於・ソウル））

二 「国語」と「日本語」と

1 アジアと言語的自己認識

「日本研究の現在と未来」という本大会の主題を日本思想史研究者としての私の近来の研究関心に即して考え、報告したいと思います。私はこの数年来、一つには近代日本にとって「東洋」あるいは「アジア」とは何かという問題を考えてきました。もう一つ私がこの数年来追究し、論文にも書いてきた問題に日本語（国語）における「漢字」の問題があります[1]。

前者の問題とは、近代日本の知識人たちは「東洋」あるいは「アジア」をどのように思想的に体験してきたのかという問題であります。周知のように「脱亜入欧」とは日本の近代化がとった基本的な戦略でありました。日本の近代化とは西洋化であり、欧米化を意味しました。この戦略の中で日本にとってのアジアは位置づけられてきたといえます。この戦略に構造的な変化が生ずるのは一九三〇年代に入ってからです。日本はアジアを背景にして近代的世界秩序の再編成を要求していきます。その要求は、「東亜協同体」とか「大東亜共栄圏」という地域的理念として表現されていきました。この理念の形成にマルクス主義者からアジア主義者にいたる日本の多くの学者・知識人がかかわっていきます。いま私たちがこうした近代日本のアジアをめぐる思想体験を再検討する必要があるのは、アジアが再び日本にとって、日本ばかりではないアジア諸国にとって重要な思想的な課題になってきているからです。一九三〇年代、四〇年代における「アジア」の理念の二一世紀における再生を防ぐためにも、この再検討は日本思想史家にとってもっとも緊切な課題だと私は考えています。

後者の「漢字」の問題とは、日本語（国語）において漢字はどのように考えられてきたのかという問題です。漢字とはいうまでもなく日本語にとっては他言語である中国語の文字記号です。しかし、この他言語文字である漢字なくして日本語の、少なくとも書記言語日本語の成立はありえません。このような日本語における漢字を、私は「不可避の他者」ととらえます。漢字とは、この他者なくして自己の存立はありえない、そのような他者ということです。「漢字論」とはそれゆえ日本語をめぐる自他認識の問題でもあります。すなわち漢字を視点とすることで、日本語あるいは国語の自己認識のあり方が問われてくるのです。私はここでは前者の「アジア」問題を背景にもちながら、漢字論を介しての「国語」と「日本語」の問題をご報告したいと思います。

2　漢的他者と国語

山田孝雄をはじめとする多くの国語学者[2]は、漢字漢文を日本人がそれに対することで国語の自覚をもった反照板的な他者だとみなします。彼は国語学史を日本における漢字漢文との接触とその訓読化という原初の体験に遡りながら記述しています[3]。この記述に明らかなのは「国語の法格」をもった自言語主体がこちら側にまずもって存在するということです。この国語主体が他言語文字・文章に接することで自己の異質を自覚し、自言語の文法にしたがった訓読と記載法とを創出していくと記述されます。一般に自己の意識は他者を要求し、他者を構成し、その他者を前提にすることで自己は成立していきます。国語（日本語）という自言語意識の成立の語りは、他者言語としての漢字漢文を要求します。漢字漢文の異質性に対することで、自言語である国語（日本語）の言語的同一性が語り出されていきます。この国語の同一性の語り出しの構造は、本居宣長ら国学者が『古事記』という漢字テキストから「やまとことば」を読み出していった言語的解釈の構造と同じものです。

山田は漢文訓読法が「宣命書き」といわれる漢字記載法をもたらしたといいます。しかしその漢字による記載法に漢文が規定的に介入しているとは認めません。むしろその漢字記載法に漢文の異質に対する自己の自覚の痕跡を見出し、それを自言語の学的反省の最初の形として記述していきます。かくて漢字漢文は国語という自言語意識が成立する原初の場に、その背景に自言語意識を映し出す鏡として置かれたままに忘れられ、自言語の学的反省の歴史が書かれ、自言語の「法格」の意識が文法体系として記述されていきます。そしてこの自己とは日本語を担う日本民族です。山田は国語を次のように定義します。

「我々の国語と認むるものは日本帝国の中堅たる大和民族の思想発表並びに思想交通の要具として使用しつつあり、又使用し来つた言語をいふのである。この国語はこれを簡単にいへば、日本国家の標準語といふことである。[4]」

これは日本民族の言語という日本語の自然主義的定義を日本帝国の国語として再構成したものです。この国語の定義は一九三〇年代の歴史的刻印を負ったものです。しかし山田の日本語という自言語の成立をめぐる記述は日本の多くの国語(日本語)研究者が暗黙に受け入れているものではないでしょうか。

3 時枝の言語過程説

この山田に代表される国語(日本語)の成立をめぐるとらえ方とは異なって、日本語の成立にとって漢字漢文のもつ重大性を認識した国語学者がいます。それは時枝誠記です。彼は「国語が漢字漢語の影響を絶対的に受けた」ことを「国語の事実」として直視すべきことをいいます[5]。時枝においても漢字漢語はもともと他言語であることには変わりはありませんが、しかしそれは自言語意識を生み出し、自言語の法格を自覚させる他者としてあるのではありません。時枝が漢字漢語の受容過程に見出すのは、漢文を正則としながら、何度かの書記方式の崩壊を通じて成立してくる書記言語としての日本語のあり方です。ここでは漢字は日本語の表記過程（言語主体を前提にしていえば表現過程）に規定的に介入するものとしてあります。漢字は日本語の漢字カナ分かち書きという記載秩序（表現秩序）をもたらします。漢字はすでに時枝にとってカナと同様に日本語という言語を実現していく言語記号としてあります。

漢字をカナと同様に表記（表現）行為を通して日本語を実現していく言語記号とみなす言語観は、言語をその主体による表現過程ととらえる言語過程観に立ったものです。時枝の言語過程説が漢字をいわゆる借り物観から離脱させます。漢字借り物観とは、漢字に外部性を規定したまま自己内部の言語表記にあたって単に表記手段として漢字を借りるという考え方です。これは国学者がもった漢字観であり、また山田や多くの国語学者（日本語学者）によって継承された見方です。この漢字観には、すでに借りる側に内部言語としての国語（日本語）が明白にあります。ここでは言語主体とは国語主体、すなわち国語の意識をもった日本人です。山田ではそれは大和民族といわれました。

それに対して漢字を借り物観から離脱させた時枝の言語過程説において、言語主体とは言語的表現主体です。日本語はその主体の表現行為によって言語過程に実現するとされます。日本語とは表現行為によって一定の言語形式をもって実現される言語をいうのです。それは言語主体に国語意識として内属するものではありません。したがってこの言語主体は直ちに日本人と同一視されるものでもありません。時枝の言語主体を日本語との関係でいえば、日本語的性格をもった言語をその表現行為を通して実現する主体ということです。この時枝の言語主体のとらえ方における政治的な意味は明らかです。このとらえ方の前提には、母語を異にする植民地住民を包括する日本国家が存在します[6]。したがって時枝において言語主体は直ちに日本語を母語とする日本人を意味するわけではありません。彼が言語の主体というのは、家屋にとっての地盤のような言語が存立するための「第一条件[7]」をいいます。すなわち日本語的性格をもった言語を表現過程に実現する主体的条件です。言語成立の第一条件としての言語主体ということを私なりに理解すれば、それは例えば日本語的性格をもった言語を表現過程に実現していく主体の側を構成している条件、すなわち言語的・社会的なコードの体系だと考えられます。この時枝の主体の概念をなすものは、実は時枝自身がソシュールにおけるその外在性を批判した「ラング」概念を言語主体に内在化させたものだといえます。ソシュールの「ラング」を「国語体」ととらえたのは丸山圭三郎です。(8) この「国語体」が時枝では言語の主体的条件として内部化されます。(9) ともあれ時枝がいう言語主体は、日本語的性格（日本語的形式）をもった言語を表現過程に実現していくような言語的・社会的コードの体系（国語体）を主体的条件として備えた表現主体をいうのです。そしてこの表現主体によって実現される日本語という一定の性格をもった言語の形式（文の構造形式）を分析し、記述していくのが時枝文法と呼ばれる文法です。

4 特殊を通して普遍へ

時枝文法とは、漢字をすでにその表現（記載）過程に織り込んでいったものとしての日本語文の構造形式の分析的な記述です。それは山田文法におけるような、異質的な他者（漢字漢文）を反照板とした自己の言語的な自覚に「国語の法格」の原初的反省を見出すような国語学者の文法的記述ではありません。時枝において漢字とはそのような自言語意識をもたらす他者ではありません。漢字漢語は時枝においてすでに自己のうちに内部化され、日本語という自立語の表現（記載）過程を構成する不可避の契機として織り込まれているのです。漢字は反照として自己を生み出す他者ではない。とすると時枝文法が分析し、記述する日本語とは何でしょうか。それは人間の普遍的表現行為がその言語過程に実現していく日本語的性格をもった特殊言語です。時枝文法とはその特殊言語の構造分析の記述です。言語過程説を説く時枝言語学は、日本語という特殊言語の構造分析を通してみずから普遍的な言語学でありうるとするのです。時枝言語学とはその意味で「日本語」学であり、また広義の「国語」学でもあります。ここで「日本語」学を規定しているのは、しかし他者に対する自己同一的な自言語の学ということではありません。時枝がいうのは、その言語学的な追究自体によって普遍的言語学の実現でもありうるような特殊言語の学としての「日本語」学ということです。

この時枝言語学に見る「特殊／普遍」という認識論的図式は、一九四〇年代の日本からの世界認識、あるいは歴史認識がとった図式です。この図式は西田学派の歴史哲学において例えば「民族的特殊を通して世界史的普遍へ」と表現されるものです。それはまさしく一九四〇年代における世界秩序の再編成を要求する日本の政治的自己主張の、歴史哲学における言説的な相同物です。時枝に西田哲学との相関性を見うるとすればこの点においてだと私は考えます。

時枝は『国語学史』の冒頭で「国語」を定義してこういいます。

「私は国語といふ名称を、日本語的性格を持った言語を意味するものと考へたい。換言すれば国語は即ち日本語のことである。(10)」

この時枝の定義が意味することとは、一九四〇年の日本という国家の言語は日本語だということです。その日本語は日本人ということによっても、また日本民族ということによっても規定されるものではなく、ただ日本語的という言語的性格によって規定されるのです。日本という国家はやがて太平洋戦争を通じてその支配的領域を太平洋上の南方へと拡大していきます。帝国日本はその地域で英米仏蘭という植民地言語を民族語とともにもった人々に遭遇いたします。日本語はその地域に新たな植民地言語として登場することになります。それが「日本語教育」の始まりです。この「日本語」とは、日本語とは異なる言語を母語あるいは植民地言語としてもった外国人のための日本語ということです。(11) 日本語ははじめて外国語として外国人に教えられていくことになったのです。この外国語としての日本語という視点は、そのまま一九七〇年代以降の増大する需要に応える形で始まった日本語教育に、その始まりについて何ら反省されることもなく継承されていきます。そして外国語としての日本語という見方も、そのまま日本語への言語学的な視点に移されて、新たな「日本語」学を生み出していきました。

現代日本における「国語」か「日本語」かという、その制度的名称を含む呼称をめぐる動揺は、やがて「日本語」に統一されて終息するかもしれません。しかしその統一はいったいどのような意味をもつのでしょうか。それは単に呼称の混乱の解決ということだけを意味するはずはありません。その時、日本人としては、あるいは日本人に向かって、あらためて日本語をめぐる自己認識のいかんが問われなければなりません。私の「国語」と「日本語」とをめぐる本日の考察が、この問題をめぐる反省の一助になることを願って私の報告を終えます。

〈注〉

（1）前者の問題については『環』（藤原書店発行季刊誌）に「東洋について」として、第四号（〇一年一月）から連載している。後者の問題については『思想』（岩波書店発行月刊誌）に「漢字論―不可避の他者」として八九九号（九九年五月）から断続的に論文を掲載している。両者とも近く完結する予定である。

（2）日本の日本語研究者はみずからを国語学者というか日本語学者と称するか、この自己規定をめぐる問題は現在きわめて流動的で、不安定になっている。すでに多くの大学の国語学科は日本語学科になっている。しかし日本の教育体系においては依然として国語教育であり、また学会組織も国語学会である。山田はもちろん国語学者として自己規定する。「国語」か「日本語」かとは国家の言語政策にかかわる本質的に政治的な問題である。なお私は「国語」を国家語・国民語の意味で使用する。「国語」とは、日本の近代的国家形成という強い要請を背景にした教育体系、学科構成にかかわる制度的概念である。

（3）山田孝雄『国語学史』（宝文館、一九四三）。

（4）山田『国語学史要』（岩波全書、一九三五）。

（5）時枝誠記『国語学への道』（三省堂、一九四七）。なおこの「国語の事実」の指摘に立つ時枝における国語学の形成をめぐっては私に「漢字と国語の事実――時枝言語過程説の成立」（『批評空間』Ⅲ～3、二〇〇二年四月）がある。

（6）時枝は京城帝大の国語学講座を担当する教授として朝鮮語を母語とする人々への国語教育という問題に直面する。時枝に「国語」概念ばかりでなく「国語学」そのものへの再考を要請したのは植民地朝鮮で直面したこの事態であった（時枝「朝鮮の思ひ出」、前掲『国語学への道』所収）。帝国日本と国語・日本語問題について論じたものに私の「「国語」は死して「日本語」は生まれたか」（『近代知のアルケオロジー』所収、岩波書店、一九九六）がある。

（7）時枝『言語本質論』（岩波書店、一九七三）。

（8）丸山圭三郎『ソシュールの思想』（岩波書店、一九八七）。

（9）本来「ラング」がソシュールにおいてもっていたあり方を、時枝はソシュール批判を通して自分のものにしていったといえる。

（10）時枝『国語学史』（岩波書店、一九四〇初版、一九六六改版）。

（11）この「日本語」と「日本語教育」の成立については私に「〈国際語・日本語〉批判」（『多言語主義とは何か』所収、藤原書店、一九九七）がある。

（韓国日語日文学会国際学術大会　於・東国大学校〈ソウル、二〇〇二・一二・〇六〉）

三　アジア認識の問題――漢字論の視点から

「支那人と日本人とは一所になって『我々』と云ひ得べき兄弟である。加之《しかのみならず》日本人の思想は殆んど全部漢学思想である。」

山路愛山『支那論』

「日本人とシナ人とに共通なものは殆ど無いといつてよい。」

津田左右吉『シナ思想と日本』

1　アジア論と漢字論

最近ほとんど同じ時期に私は「アジア」と「漢字」の問題をめぐる二冊の著書を刊行した。『「アジア」はどう語られてきたか』（藤原書店）と『漢字論――不可避の他者』（岩波書店）とである。この二つの論著はそれぞれ私のうちにそれなりのルーツをもっている。前者は一国民俗学や支那学あるいは国語学など日本近代における学術的言説や認識視角の成立をめぐって私が行なってきた批判的な検討作業にそのルーツがある。(1)それゆえアジア論とは私にとって近代日本におけるアジア認識の問題としてある。近代日本にあってアジアはどのように認識され、語られてきたのか。あるいは、なぜ日本人にとってアジア問題とは何より中国問題としてあったのか、といった問題としてである。後者は本居宣長の『古事記伝』をめぐるわたしの古くからの関心にそのルーツがある。(2)すなわち、宣長は漢字をどう考えることによって「やまとことば」という固有言語の理念を立ち上げていったのか、という問題として。アジア論と漢字論とはそのように私のうちにそれぞれのルーツをもっている。しかし、両者はほとんど同じ時期に緊急に考察を要する問題として浮上し、そして追究され、また執筆されていった。

一九九〇年代の後半から台湾において「東亜儒学」とか「東亜文化圏」といったテーマをもった会議が次々と開かれていった。台湾で「東亜」が議論の主題として登場してきたのである。「近世東亜儒学と経典解釈の伝統」といった課題を掲げた研究会やシンポジュウムに招かれ、報告し、議論することを通じて私は「東亜」あるい「東アジア」の問題に直面していった。(3)その時期、韓国においても「東アジア」は知識人の関心の新たな焦点をなすものとして登場していた。ソウルでの東アジアの学術をめぐる国際会議への参加は私によりきびしい形での近代日本における「東亜」の自己検証を要請することになった。「アジア」がわれわれにおいていかにあったかという自己検証としてのアジア問題は、台北あるいはソウルでの実際的な議論の場を通して緊急な考察課題として私に突きつけられたのである。

「東亜」とは何かといった問題を私に提示した台湾の会議は同時に「漢字」の問題をも新たな形で私に突きつけることになった。われわれが日本で使用している漢語が直ちに中国語圏でも理解可能な漢語としてあるわけではない、むしろそれらは日本語語彙として存在するのだということに私は気づかされた。そこからあらためて日本語における漢字の問題に私は直面することになった。ここで私が直面した漢字とは東アジアを一つの文化圏として成立させる文化的契機としての漢字ではない。それは文明的中心としての中国とその文明的周辺国としての日本という関係における漢字の問題である。あるいは日本語を形成する重要な契機でありながらなお他言語性の標識をともなって存在する漢字、日本語における他者としての漢字の問題である。漢字は中華文明的中心とその周縁という文化的関係における、あるいは帝国的支配と服属的周辺国という政治的関係における、あるいは自己と他者という関係における東アジアを問わせるものとして漢字が私に存在することになったのである。漢字論はアジア問題を複合的関係性をもって構成する視点を私に与えたのである。

2　「東亜文化圏」とは何か

一昨年（二〇〇一年）の十月、台湾大学歴史学部の主宰による「東亜文化圏の形成と発展」

と題された国際学術シンポジュウムが台北で開かれた。その国際シンポジュウムの開催趣意書に「東亜文化圏」の歴史的な形成過程がのべられていた。そこでは「漢字・儒教・律令・中国科学技術（医学・算学・天文・暦数など）と中国仏教」の五つの文化要素を共有することを通じて「東亜文化圏」は形成されたといわれていた。この五つの文化要素を共有しながら「東亜文化圏」が形成されたのは七、八世紀すなわち隋から唐にかけての時代だというのである。さらにこの趣意書は多くの言葉を費やして「東亜文化圏」の形成過程とその特質とを説明していた。「東亜」という地域概念をもって何がいわれるかをこれほどはっきりと説明するものはない。

ここで「東亜文化圏」を語る言葉はほかならぬ「中国文化圏」あるいは「中華文明圏」を語るものだということに、われわれは直ちに気づくだろう。あの五つの文化要素とは中国文化を構成する要素である。正確にいえば中国の支配的な文化、あるいは中華帝国の正統的な文化を構成する要素である。ここには中国民衆の文化あるいは宗教を伝統的に形成してきた道教は含まれていない。要するに、中国の支配的な正統的文化が周辺諸国・諸地域に共有されていくことで「東亜文化圏」が形成されたとこの趣意書はいっているのである。「東亜文化圏」の形成とは、これを政治的な言語でいいかえれば、中華帝国による文化的・政治的支配圏としての東アジア世界の成立だということになるだろう。もし中国との強い一体性に立って台湾が「東亜文化圏」の形成を語るなら、それは「中国文化圏」の形成を語ることと異なるものではない。

しかし台湾のこの会議の主宰者は「東亜文化圏」といい「中国文化圏」とはいわない。それは韓国・日本やシンガポールなどからの参加者が中国からの参加者と同席してこの会議を構成しているからであり、何よりもこの会議の主題が台湾から提起されているからである。台湾の多くの知識人たちは文化的には中国と同一化しながら、政治的には日本や韓国、そしてベトナムなどと同様に中国との一体化を避けて、その周辺に自己の政治的位置を確保しようとしていると思われる。そうした台湾からはじめて「東亜文化圏の形成と展開」といった東アジアの各地における中国文化の多元的展開を前提にした会議の主題が提起されてくるのである。

中国が中華帝国としての意識をもつかぎり、その中国が「東亜文化」を語ったら、それは中国文化の一元的支配ないし一元的な影響関係を語る言葉になってしまうだろう。中華帝国から流れ出てくるのが中国文化の一元的な支配の言語だということは、昭和前期の日本帝国についても考えねばならないことである。日本帝国の語る「東亜新秩序」とは帝国的な東アジア地域支配の言語からなるものである。その帝国支配の下にあった植民地朝鮮の知識人たちがたとえ「東亜」や「東亜協同体」を語っても、それは決して帝国日本のいう「東亜」や「東亜協同体」と同じものではない、むしろそれらが帝国的な概念としてあることを暴き出していくことになる(4)。そしてまた現在韓国で「東アジア」がいわれるとき、それを語る言葉は帝国日本の「東亜」の否定の上にあることをわれわれはしっかりと認識しなければならない。「東亜」といった地域概念は政治的な関係性の上に構成される概念である。われわれに要請されるのは政治的関係性に色濃く規定されながら歴史的に成立してくるこうした言語のあり方に十分に自覚的になることである。帝国日本の「東亜」の主張と植民地朝鮮で応じられる「東亜」の発言を、「思想的連鎖」といった国際関係的メカニズムをとらえる方法的視点によって抽象されたタームでとらえてはならない[5]。国際関係をこのような脱政治的な方法論的用語でいいかえていくことは、帝国による「東亜」を脱政治的なニュー・モードの「東亜」に再構成していくもっとも性質の悪い政治的な作業である。

3 「東亜」概念について

ここで地域概念としての「東亜」についてあらためて考えてみたい。「東亜」とは地図上に存在する地域名ではない。「東亜文化圏」とはすでにのべたように中国文化が及ぶ中国以外の他地域から、その諸地域における中国文化の多様な発展を展望しながら、「中国文化圏」を呼びかえたいい方である。「東亜」概念は昭和前期、すなわち一九三〇年代から四〇年代のはじめにかけて文化史的、学術的概念として日本で盛んに用いられた。その時期、「東亜交渉史」「東亜美術史」「東亜仏教史」とか「東亜考古学」「東亜言語学」「東亜民族学」といった書名をもった本が数多く刊行された[6]。

これらは帝国日本の政治的「東亜」の学術上における相同物といいうるものではあるが、しかしそれらは日本の学術がアジアに直面しながらその多様性を記述していった最初の体験であったということができる。やがてこの「東亜」は、日中戦争から太平洋戦争にかけて、「東亜新体制」「東亜新秩序」とか「東亜協同体」そして「大東亜共栄圏」というように日本帝国の政治的言語をもって再構成されていった。この「東亜」とは「中国文化圏」の別称としてあったものを日本の帝国的欲望が描き出す地図にしたがって、帝国的言語によって新たに再構成したものである。

日本によるこの「東亜」概念の再構成にあたって対抗的に意識されていたのはいうまでもなく「西洋（ヨーロッパ）」である。近代とは「西洋」が世界史的な普遍を主張していった時代だとみなすことができる。その普遍としての「西洋」に対して日本は「東亜」を対置しようとするのである。この特殊「東亜」の対置とは、そのことによって普遍「西洋」そのものが特殊化されることをねらっている。それゆえ日本による「東亜」の提起は多元的な世界史という歴史観に立っている。[7]このように日本による「東亜」概念の再構成には、西洋近代の批判という「近代の超克」の契機がはらまれている。「東亜」とはそのような歴史的、思想的規定を負った地域概念である。

「東亜」は多元的な世界史の主張に立っているといったが、「東亜」概念自体もその内部に多元性を内包している。さきにのべたように中国文化の東アジア地域への多元的な展開を見ることで「東亜文化圏」がいわれたのである。だがその「東亜」が帝国日本によって主張されるとき、それは帝国的概念になってしまうのだ。「東亜」は日本による一元的な支配の概念、日本的国体《ナショナリティー》の膨張的な概念になってしまう。だから日本帝国の支配下の朝鮮から「東亜協同体」がいわれるとき、それは日本の帝国的「東亜」に対する多元的「東亜」の主張という意味をになうことになる。このことはいま東アジア問題、アジア問題を考える上できわめて重要な問題を投げかけている。多元的なアジアとはいかにして可能なのかという問題である。国家を背負う「アジア」の主張によって果たして多元的なアジアとは可能なのかという問題でもある。

4 漢字という文明的贈与

さきの「東亜文化圏」の形成をめぐる会議の趣意書はこの文化圏を構成する共通要素の第一に「漢字」をあげていた。たしかに「東亜文化圏」は「漢字文化圏」とも称されるように東アジア諸地域の文化を形成していく上で漢字と漢字文化（律令的法制度的体系を含む）がになった意味は絶大であった。漢字とその文化なくして日本文化も文化たりえないし、日本国家も国家たりえないといえるだろう。たしかに中国の周辺諸国・諸地域にとって漢字とは文明的な贈り物であった。しかしそれはダブル・バインドの贈り物である。文明的な贈与というものはそれを受け取る側にとっていつでも二重の意味をもっている。それは文明化をもたらす恩恵であるとともに、その文明への拘束でもあるのだ。文明を与える側からは文明をもたらした恩恵という側面は見えても、しかし文明が受け手の側にどのような屈折を与え、どのような拘束をもたらしたかを贈与者が見ることはほとんどない。中国が「漢字文化圏」を語るとき、その漢字を受容した朝鮮や日本がどのような言語的・文化的な屈折を体験していったかを見ることはできないだろう。中国からはなぜわたしが『漢字論』といった本を、しかも自文化と他者性の問題として書くのか恐らく理解できないであろう。だからこそこの本を中国語に翻訳することが必要なのだといってくれた若い中国の研究者もいる。

先日、自民党の政治家が朝鮮における創氏改名の問題について恐るべき発言をしたが、あれは彼の意識において日本帝国の恩恵的立場が持続されていることの証拠である。恩恵的立場からは創氏改名を強制された側の苦痛も屈辱も思いみることはできない。自民党の政治家どもの歴史問題についての多くの発言と同様に決してあれは失言ではない。本音である。あれが本音だということは、彼において日本帝国の立場が持続していることも本当だということである。旧帝国からの主権国家としての持続の意識は、旧帝国の領土とともに旧帝国意識をも持続させてしまうのだ。これは日本だけにかぎることではない。ともあれ、文明的帝国からの文化的贈与とはダブル・バインドの贈り物だということを確認しておこう。植民地言語とはその代表的な例である。植民地英語・植民地仏語などとともに植民地日本語があることを忘れてはならない。漢字を文明的贈与として見ることは、われわれに植民地日本語を考えてみる視点をも可能にするのである。

5　漢字と自言語認識

「始めに中国があった」とアメリカの中国学者コーヘンは東アジア史の最初の章を書き始めている。(8) たしかに東アジアにとって中国は最初から存在したのである。自国よりも先に中国が厳然としてあったのである。漢字についてもそうである。まず漢字があったのである。中国の漢字とその文化は東アジアの諸地域の言語・文化の存在にとって、それなくしては考えられない前提条件であった。朝鮮でも日本でも漢字文化の圧倒的な影響のもとにそれぞれの文字文化を成立させていった。漢字とはそのような支配的な文明の刻印をその形象と音声にとどめながら日本語のなかに存在していくのである。

この日本語における漢字が問われ出したのは、一八世紀にいたってである。漢字が問われるとは、その異言語性が問われるということである。もちろん漢字の異言語性は中国の異国性とともに問われることである。それは日本の文化的な自己意識が国学という形で言説化されるにいたってである。あるいは日本的という自己意識なり自文化意識の成立と中国の他者性の自覚とは同時的だというべきかもしれない。ここでは国学における自言語意識の成立について簡単に触れておきたい。国学は漢字に対して、日本とは異なる国の文字という異質な他者性を押しつける。漢字は漢《から》の文字として漢風の文化を表現し、漢意《からごころ》を内包した文字とみなされる。この漢字の他者化は同時にこちら側に言語・文化の固有性の意識を成立させる。日本の固有言語「やまとことば」の理念はこのようにして成立してくる。こうして宣長は『古事記』という最古の漢字・漢文テキストを通して日本固有語「やまとことば」を訓み出そうとするのである。この漢字の他者化は、漢字とは日本語表記のための借り物であるという見方をもたらす。宣長の『古事記伝』という注釈作業はこの漢字借り物観に立った「やまとことば」の訓み出し作業であったということができる。この漢字借り物観は漢字への排斥的立場を構成していく。

ところで漢字の排斥をいう国学的な立場の反対側に、日本をも包摂する同文同種的な漢字文化圏の主張に見るような漢字に親和性をもった立場を見出すことができる。この漢字とその文化に親和的感情をもった立場は、漢字への排斥的立場に対立するというよりは、その両者が一人の人間においても、また近代日本という一時代においても混在併存するとみなされる。本論の冒頭に私が引いた山路愛山と津田左右吉の言葉にそれを見ることができる。中国への一体化的な親和性と中国への否定的な反撥とがともに中国への関心を強くもった近代日本の二人の知識人によってそれぞれにいわれるのである。まさしく漢字あるいは中国文化とは日本にとってダブル・バインドの贈り物なのである。日本にとってのこの二重性が西洋に定位した文明化を進める近代日本において二つのアジア観を構成していくことにもなる。脱亜としてのアジアと興亜としてのアジアとである。

6　漢字・不可避の他者

では漢字をどう考えたらよいのか。漢字をどう考えるかとは、他者性をその形象と音声にとどめている漢字、この日本語における漢字をどう考えるかということである。私はこれを自文化・自言語における他者性の問題として考えたい。宣長たちは他者・漢字を異質として排斥しながら自己・純粋自言語（やまとことば）を立てようとした。この自言語意識は近代日本の国語学者の言語観にも継承される。それは民族言語の主張としてばかりではなく、純粋な自国言語、純粋な固有言語への幻想として継承される。この点に関してはヨーロッパ比較言語学にわざわいされた国語学の方が国学よりももっと始末が悪いといえる。いま比較言語学は日本語を親族言語をもたない孤立言語として見ようとしている。(9)この孤立言語としての日本語というとらえ方は西尾幹二らの一国文明史を言語論的に補強するだけである。そもそも純粋な固有言語というのは幻想であり、想像的な人工物である。言語とは、言語ばかりではなく文化とは他者との関係のなかでの複合的な形成物である。形成物というよりはつねに形成過程にあるものというべきだろう。ある言語は他言語との政治的な支配・従属という関係のなかで、あるいは高位文化との影響的関係のなかで、また他種族・他言語文化との交渉的関係のなかで形成され、維持されるのであって、もともと複合的・混合的性格をもっているものである。漢字はその文字の形象によって中国由来の他者性をとどめているのである。しかもその漢字なくしてわれわれのこの日本語を見ることはできない。漢字とはそれゆえ日本語における不可避の他者だと私はいうのである。

漢字とは日本語における不可避の他者である。漢字は、他者なくして自言語も自文化もありえないことを日常普段にわれわれに教えている貴重な徴証である。国学的意識を継承するひとびとは漢字という他者に排斥的に、異質として対することで自閉的に自己を立ち上げてきた。私はむしろ漢字という他者を自己をたえず外部へと開いていくことを可能にする言語的な契機として考えるべきだと思っている。自己における他者、それなくして自己もない他者としての漢字は自己を他者との関係のなかで考えさせる貴重な契機である。現代の文芸批評は、強者の贈与としての漢字を余儀なく背負わされた自己、漢字というトラウマを刻印された自己意識を析出することで日本精神分析という文化批評的言説を生み出した。これもまた他者・漢字によって自己を析出する近代意識のもう一つのあり方ではないだろうか。私は漢字を、それなくしては自己もありえない不可避の他者ととらえることで、他者排斥的に定立される近代的自己観（アイデンティティ）の変容の可能性をさぐりたいと考えている。

　また漢字は東アジアにおける自他関係を考える上でも貴重な示唆を与えるだろう。東アジアにおける漢字をいうことによって、漢字文化という地域的同一性を直ちにそこから引き出すのではなく、自文化・自言語における他者性の契機にわれわれは目を向けていくべきではないか。自己における他者を見ることなくして、自己を超えた他者との関係もないであろう。そして漢字文化圏としてくくられる東アジアを、文化一元的な東アジアとしてではなく、多元的なアジアとしての可能性を考えさせるのも、東アジアにおける漢字ではないだろうか。たしかにベトナムからはすでに漢字は姿を消し、朝鮮半島からもほとんど姿を消そうとしている。いま東アジアにおける漢字は古いアジアではなく、新しいアジアを考えさせる。しかし新しいアジアは日本の、韓国の、そして中国の自己観の変容なしにはありえないことをも、不可避の他者としての漢字は教えているのではないか。他者排斥的自己、究極的に国家《ネーション》に定位し、それと一体化した自己によっては決して新しいアジアはありえない。

〈注〉

（1）こうした視角からする私の仕事は、『近代知のアルケオロジー——国家と戦争と知識人』（岩波書店、一九九六）、『方法としての江戸——日本思想史と批判的視座』（ぺりかん社、二〇〇〇）がある。なお前者については『日本近代思想批判——一国知の成立』と改めて岩波現代文庫の一冊として近く増補再版の予定である。

（2）私の著書としては『「宣長問題」とは何か』（ちくま学芸文庫、二〇〇〇）、『本居宣長』（岩波現代文庫、二〇〇一）がある。

（3）ここで「東亜」と「東アジア」とをいっているのは、「東亜」は死んで「東アジア」は生まれたかという問いを発しながら、私はアジア認識の問題をこうした地域概念と不可分な形で考えているからである。

（4）植民地朝鮮において帝国日本の発する東洋学・朝鮮学などの学術や世界史や東亜論的言説に交錯しながら朝鮮知識人が発する言説の意味を近代史の過程における帝国と植民地知識人という位相に立つ新たな視点によって分析する趙寛子の作業に私は注目している。趙寛子「「親日ナショナリズム」の形成と破綻」『現代思想』二〇〇一・一二、「日中戦争期の「朝鮮学」と「古典復興」」『思想』二〇〇三・三。

（5）いうまでもなく私はここで山室信一の巨大な著作『思想課題としてのアジア——基軸・連鎖・投企』（岩波書店、二〇〇一）を念頭にしていっている。

（6）日本近代のファシズム期に成立するこれらの学術的作業の厖大な結果をいわば負の時代の業績としてわれわれはその時代のうちに放置したままでいる。近代日本の知識人によるアジアの歴史的な大きな体験としてそれらの業績に、新たな分析視点をもってわれわれは対応する必要があるだろう。

（7）高山岩男『世界史の哲学』（岩波書店、一九四二）。

（8）Warren I. Cohen, *EAST ASIA at the Center*, Columbia University Press, 2000.

（9）小泉保『縄文語の発見』（青土社、一九九八）を見よ。私はこの「祖語」を発見する言語学について「一国的境界言語の表象」（『方法としての江戸』所収）で詳しい批判的検討をしている。

［付記］本稿は「東アジアと日本・日本と漢字」と題してＪＵＮＫＵ連続トークセッション（二〇〇三・七・五）で講演した際の原稿に加筆したものである。そのトークは『「アジア」はどう語られてきたか』と『漢字論』の二冊の私の著書を前提に「東アジア」問題をどう考えることができるか、という設問に答える形でなされたものである。これは本誌の課題と決して離れた問題ではないと考え、こうした形で私が本誌の要請に答えたことを諒解していただきたい。説明不足の多くの点については両書を参照いただければ幸いである。

（『情況』第三期4巻9号、二〇〇三年一〇月、情況出版社）

四　「韓《から》」の痕跡と「日本《やまと》」の成立——日韓関係の過去と現在

1　「韓」の痕跡

「日韓関係の過去と現在」という表題で、日本と韓国との関係をめぐる問題を私はいま考えようとしているわけですが、しかし私の考察はあくまで日本側からのものであることを予めお断りしておかねばなりません。認識者なり理解者としてこの関係をめぐる問題に一定の距離をもちますが、しかし私は第三者の立場にはありません。私はこの関係の内部の、日本の側にあるものです。その日本の側から、既存の関係から抜け出て、どのように新たな関係を作りうるかを考えたいと思っています。[1] そのためには、日本と日本人にとって韓国とは何であったのか、という反省的な自己認識が不可欠です。その自己認識とは、日本人による韓国にかかわる歴史認識の問題です。ただ私はここで現実の政治的問題としての歴史認識を説こうとしているのではありません。日韓関係を重要な事例として、支配と従属、加害と被害という関係をもった二国間の問題を前者に属するものの立場からどう認識するのか、という問題として提示していこうと思っているのです。

私が住む川崎市北部の登戸という町は多摩川沿いにあります。その登戸の多摩川をはさんだ対岸は東京の狛江《こまえ》市です。学生時代に私はまだ農村の面影を残す当時の狛江町に友人を訪ねて、多摩川の橋を渡ってよく自転車で行ったものです。この武蔵国多摩郡狛江郷を前身とする狛江町という地名と高麗《こま》との関係についてその頃から私は聞いておりました。日本の辞書を見れば、「高麗《こま》、狛《こま》」とは、「高句麗の称、高句麗からの渡来人の氏称」（『広辞苑』）とあります。「江」とは海が陸地に入り込んだ「入り江」のことですから、「狛江」とは高麗人《こまびと》の住む入り江という意味になります。狛江とか登戸は、かつて多摩川が海（東京湾）に注ぐ地点であったのです。昭和二十六年（一九五二）に狛江亀塚古墳の発掘調査がなされ、その副葬品などによって高句麗系古墳との類似性が指摘されました。しかしこれらの地名や遺跡によって、この地における高句麗系渡来人の最初の居住が推定されたわけではないと研究者はいいます。その周辺古墳の調査は、さらに古い時代からの居住者の跡を見出しているからです。だが考古学や歴史学が、五世紀前の狛江の遺跡によって何を読んでいくかは別として、この地名や遺跡に「韓《から》」の痕跡を認めることは当然できることです。

私がたまたま身近の狛江に見出したような「韓」の痕跡を、私たちは日本列島のいたるところに、地理上ばかりではなく、歴史上にも、それこそ随所に見出すことができます。だが痕跡とは、それと気づくものにとってのみ何ものかの跡としての意味をもちます。狛江はそれを痕跡と気づくものにとっては高麗人の記憶をとどめる記しであって、気づかぬものにとっては武蔵野の面影を僅かに残すだけの東京郊外のただの地名です。

2　痕跡とは何か

痕跡とは何でしょうか。痕跡とは、過ぎ去り、消え去ってしまって、もはや姿をみせぬものの跡です。あるいはある物が作り出され、生み出されることに大きくかかわりながら、それが作り出され、生み出された後からはもはや見えなくなってしまったものの跡です。その作り出された物を目の前にしては、それを作り出す過程に埋もれたものの痕跡を、人はもはや認めようとさえしないかもしれません。「韓《から》」とはそのような痕跡なのです。作り出され、生み出されたものは「日本《やまと》」なのです。生み出された「日本」にただ痕跡だけをとどめて消え去ったものの、あるいは消し去られたものが「韓」です。人はもはや奈良に懐かしい大和の古都のみを見て、那羅《なら》の地名における韓の由来を尋ねることなどはしないのです。

歴史とは過ぎ去ったもの、過ぎ去ったことの記録であるかのようです。だが歴史は過ぎ去ったこと、消え去ったことを正しく記録するのでしょうか。人が歴史を記し、歴史を編むとは、すでにそれ自体が再び記すことであり、再び編むことです。すなわち過ぎ去ったことが、歴史記述で記し直され、編み直されるのです。歴史が人の手になる記録であるかぎり、どこまで遡ってもこの再記録という性格を歴史記述は免れません。一国の歴史を記述するとは、いまこの国を成す支配者たちがどこから来て、どのようにして国を成すにいたったかを記録することです。だがその記録とは、選び取られた伝承資料による再記録であることを免れません。再記録とは記し直すことです。どう記し直すのか。一国を支配する王権の神聖な始まりと、それに由来する正統的権力としての王たちによって国が成るにいたった歴史としてです。この自国の成立にかかわりながら異とされるものは、この記し直された自国の歴史からは、そこに痕跡をとどめるだけで隠され、消し去られます。一国の正統史とは、隠され、消し去られた異なるものの記録でもあるのです。

3 「日本」の成立

『古事記』『日本書紀』とは日本のもっとも古い記録です。中国の歴史書に模した『日本書紀』を称して、これを最古の歴史書ということは正しいでしょう。たしかに書名どおり、これは「日本」の正史です。だが『古事記』は神話的伝承を含む朝廷の説話集といった性格の書です。これを歴史書というとすれば、何に起源をもって、どのように国を成したかという王権の起源神話をもった物語としてです。この二つの歴史書は天武天皇の勅命にしたがって編纂されました。天武とは『万葉集』に「大王《おおきみ》は神にしませば」と歌われているように、神として仰がれた最初の天皇です。天武はまた「天皇」号で称された最初の天皇でもあります。天皇とは日本を中心とした天下を支配する究極的権威者の称であり、天《あま》つ日嗣《ひつぎ》としての神聖な王を意味しました。この天武によって日本は本格的な国家の建設に向かうのです。

ところで七世紀後期における日本の国家建設を方向付けたのは、六六三年の白村江における唐・新羅連合軍との戦いによる敗北でした。多数の百済の亡命者とともに日本の軍勢は敗退しました。日本は朝鮮半島との間に境界を設け、防備体制を敷くとともに国家の体制的な整備を急ぐことになるのです。六七二年に壬申の乱に勝利して天武が即位し、飛鳥浄御原宮《あすかきよみはらのみや》に遷都して国家建設を本格化させます。天武は浄御原令《きよみはらりょう》の編纂を命ずるとともに、「帝紀」と「上古の諸事（旧辞）」とを記す歴史編纂作業の開始を指示するのです。この勅命にしたがってやがて『古事記』（七一二年）と『日本書紀』（七二〇年）とが成立いたします。この仕事を通じて、「大王の権威とその首長たちに対する支配は、神々の時代から約束されたことであるとする神話、それを実現するために戦った大王の祖先たちの物語が、はじめてここに最終的に形を与えられることになった」(2)と網野善彦はいっています。なお天武の没後、六八九年に即位前の持統天皇によって浄御原令は施行されました。この令においてはじめて「倭」にかわる国号「日本」が、「大王」

に代わる称号「天皇」が定められました。「日本国」が制度的にはじめて成立したのです。「日本」の成立をこのように見てくれば、『古事記』『日本書紀』とはこの「日本」の成立の事後的な再記録だといえるでしょう。この二つの歴史書は、この「日本」とその支配者「天皇」とがいかなる起源から、どのようにして国を成すにいたったかの物語を伝承資料によって再構成しているのです。ところでこの「日本」と「天皇」とが歴史上に成立してくるのは、白村江の敗戦によって日本が朝鮮半島から手を引き、朝鮮との間に政治的、軍事的な境界線を引くことによってでした。「日本」の成立史とは、「韓」からの離脱史なのです。そして「日本」の起源からの成立を記述する記紀は、この離脱過程を「韓」の痕跡としてとどめていくことになるのです。「韓」はその痕跡だけをとどめて、「日本」成立の歴史からその姿は消されていくのです。だが消されるとだけいっては正しくない。「韓」からの離脱史は、「韓」へのくりかえされる進出史として書き換えられるのです。

4　新羅に天降《あまくだ》る神

記紀などの古記録には、それこそ数え切れない「韓」の痕跡があります。実証主義的な学の方法を自覚した近代の歴史学や地誌学、そして言語学などが古代日本と朝鮮との関係をめぐってさまざまに推定し、説を立てるのも、(3) この「韓」の痕跡を大量にとどめる古代文献資料を主たる前提としてでした。

日本神話における「韓」の痕跡を帯びた代表的な神はスサノオ（素戔嗚尊）です。スサノオは日の神であるアマテラスと天上世界で対決し、そして放逐され、葦原《あしはら》の中国《なかつくに》・出雲に降り、英雄神として振る舞い、やがて「根《ね》の堅州国《かたすくに》」の主となります。本居宣長はこの「根の国」を「黄泉《よみ》の国」（死者の国）と解しています。スサノオとは、日本の正統的権力の起源神とされるアマテラスと対決し、そして天から放逐された神です。まさしく日本の神々の世界においてもっとも異端性をもった神です。ところで『日本書紀』の一書は、[4]このスサノオは天上の神の国・高天原《たかまのはら》を追放されて、まず新羅国に降ったと記しているのです。

「素戔嗚尊《すさのおのみこと》の所行無状《しわざあじきなし》。故《か》れ諸神《もろもろのかみ》科するに千座《ちくら》の置戸《おきど》を以てして、遂に逐《や》らひたまひき。是の時に素戔嗚尊其の子五十猛神《いそたけるのかみ》を師《ひき》ゐて、新羅国に降到《くだ》りまして、曾尸茂梨《そしもり》の処に居《ま》します。[5]」

もう一書には、「素戔嗚尊の曰く、韓郷《からくに》の島は是れ金銀《こがねしろがね》あり、若使《たとい》吾が児の御《しら》する国に浮《うき》宝《たから》あらずば、未是佳也《よからじ》とのたまひて云々」とあります。さきの一書によれば、新羅に降ったスサノオは、「此の地は吾れ居らまく欲りせじ」といって埴土《はに》をもって舟を作り、それで東に渡り、出雲の国の簸《ひ》の川上にある鳥上《とりかみ》の峯《たけ》にいたったとあります。これはまことに奇妙な記述です。葦原の中国の出雲に降るはずのスサノオに、なぜ新羅を経由させるのでしょうか。『書紀』そのものには、この迂路をたどるスサノオについての説明はありません。この奇妙な新羅という迂路こそ、この記述を残して消えてしまった何かの痕跡であるでしょう。「韓」の痕跡とはこのようであるのです。意味不明の迂路でしかないこの痕跡は、このテキストの読解者にさまざまな想像を促すのです。上の一書文中の「曾尸茂梨」について、現代の校注者はこれを朝鮮古語として「金のある部落」と解しています(6)。それからすると、この一書の記述と他の一書の「韓郷の島は是れ金銀あり」とが対応していることが明らかになります。しかしこうした注解によって消えてしまった何かが明らかにされてくるわけではありません。ただ「韓」の痕跡であることがいっそう明らかにされるのです。

記紀にはこのスサノオをはじめとして「韓」の痕跡をとどめる神や人や物や土地や言葉がそれこそ数限りなくあります。そうした痕跡をとどめながら記紀は「日本」すなわち天皇の朝廷に統一された国家成立の歴史物語を成していくのです。では記紀のテキストに見出すこれらの痕跡によって何を私たちは読むべきなのでしょうか。なぜここにこのような痕跡があるのかを疑うことなく、編纂を命じた天武天皇の意図にしたがうようにして、ただ「日本」の神々しい起源に発する偉大な物語を読んでいけばよいのでしょうか。

日本の江戸時代にも、この「韓」の痕跡を無視することのできなかった学者たちがいました。

彼らはそれらの痕跡によって記紀が伝えようとするのとは別のもう一つの上古の姿を、起源のありようを考えたのです。その江戸の学者の一人に藤貞幹(7)(一七三二―九七)がいます。

5 『衝口発』という著述

藤貞幹に日本上古社会についての考証学的著述『衝口発《しょうこうはつ》』(一七八一成稿)があります。この『衝口発』という著作はそれ自体によるよりは、それに反駁した本居宣長(一七三〇―一八〇二)の『鉗狂人《けんきょうじん》』(一七八五成稿)によって有名なのです。この『鉗狂人』における宣長の駁論を上田秋成(一七三四―一八〇九)が論難し、さらに宣長がそれに反論して、日本思想史上有名な論争が両者間で展開されます。この論争は、宣長によって『呵刈葭《かがいか》』(8)にまとめられています。この宣長―秋成間の論争のきっかけをなした書として『衝口発』は有名なのです。だが人は『衝口発』にそれ以上の意味を見出そうとしませんでした。

ところで秋成の論難を呼び起こした宣長の著述『鉗狂人』とは、狂人に首かせ(鉗)をかけるというきわめてファナティクな題をもった論駁書です。「いづこのいかなる人にかあらむ。近きころ衝口発といふ書をあらはして、みだりに大御国のいにしへをいやしめおとして、かけまくもいとかしこき皇統をさへに、はばかりもなくあらぬすぢに論じ奉れるなど、ひとへに狂人の言也。故に今これを弁じて、名づくることかくの如し(9)」、と宣長はこの題名の由来を

「序」に記しています。では宣長によって「狂人の言」とされた『衝口発』とはどのような著述なのでしょうか。それはすでにいうように日本古代についての比較古代史的な視点から書かれた藤貞幹の考証学的著作です。なぜそれが宣長によって「狂人の言」とされたのでしょうか。

藤貞幹は日本の神代を含む上代史を、中国と朝鮮古代史との比較史的、比較文化史的視点から考証学的に検討します。古代日本の制度や儀礼・祭祀、文字言語や衣服習俗にいたる文化が、基本的に朝鮮半島経由でもたらされた中国文化、「韓」経由の「漢」の文化に依存していると見るのは、宣長らが固有の起源を主張するまで、日本ではむしろ一般的な見方であったと考えられます。藤貞幹もまたこの見方に立って、皇統・言語・姓氏・国号から衣服・喪祭・祭祀など一五項目にわたって日本固有起源説を疑い、「漢」―「韓」の文化によって大きく規定されていることをいおうとするのです。そのいくつかを挙げてみます。

「辰韓は秦の亡人にして、素戔嗚尊は辰韓の主也。」

「神武帝元年辛酉は後漢宣帝神爵二年辛酉にして、……此の如く六百年減ぜざれば三国の年紀符合せず。」

「本邦の言語、音訓共に異邦より移り来たる者也。和訓には種々の説あれども、十に八九は上古の韓音韓語、或は西土の音の転ずるもの也。」

「歌は韓の古俗なること明かなり。」
「日本紀を読むは、先づ此国の事は馬辰の二韓よりひらけ、傍ら弁韓の事も相まじはると心得、それを心に忘れず読まざれば解しがたし。」[10]

宣長の激しい駁論を呼び起こすのはこうした『衝口発』における言説です。しかしこの言説の何が宣長の怒りを呼び起こし、相手を「狂人」と決めつけるような論難をもたらすのでしょうか。相手の言説を狂人の物言いと決めつけることは批判というレベルをこえた非難です。それは究極的な非難の発言といってよいものです。彼の言の狂気に対する己れの言の正気が、まさしく自己言説の絶対的正当性がドラスティックに主張されようとするのです。

いま宣長によって狂気の沙汰とされるのは、『衝口発』における日本の国家的、文化的な起源の固有性を疑い、それを危うくするような言説です。起源の固有性とは、他者の介入なしに、自分自身から始まるということです。ところが『衝口発』は日本の起源神話自体を異種混合文化論的に見直してしまっているのです。日本の神の出自を尋ねれば、日本の外に求められていくという具合に。この藤貞幹の日本古代認識を根本において規定しているのは、中国とその文化の既存性であり、それを日本に伝えた朝鮮の先進性です。日本が七世紀の後期から、遣隋使や遣唐使によって直接に「漢」を採り入れ、律令体制として天皇的国家の制度を整備し、貴族官僚の教養と教育とを漢風で体系づけていくまで、上代日本の言語から習俗にいたるまでの文化的基層を形成したものは朝鮮半島経由の「漢」あるいは「韓」であったと藤貞幹はしているのです。「秦人の言語、韓に一変し、又此邦に一変し、今此を求むるに和訓に混じて分別しがたし」という『衝口発』の言葉がよくそれを示しています。宣長が「狂人の言」として怒るのは藤貞幹のこうした発言です。

6　「韓」の消去と「日本」の成立

宣長が『衝口発』を狂人の書だとしたのは、日本文化の起源の固有性がそこでは失われているからです。宣長がいま相手を狂人としながら、正常な日本の言説として立てようとするのは、「固有の起源をもった日本」という言説です。

「初めに日本ありき」という言説こそが正しい言説、正気の人の言説なのです。この「日本ありき」の言説を確立するために宣長は、相手を狂人とするような論争を展開するのです。「日本とその文化的起源の固有性」とは、このような正気と狂気という言説的抗争を通じて、正気の言説、すなわち正常な日本人の言説として成立してくるのです。

宣長は『古事記』の注釈作業を通じて、日本人における認識論的転換を遂行しました。その転換とは、記紀の神代史をあくまで「日本の神」の伝承としたところにあります。宣長の『古事記』注釈が問題にするのは「日本固有の神々」の伝承であります。端的に「日本の神」が問題なのです。「神の道」とは、一般的な神道教説ではない、「日本の神の教え」でなければならないのです。『古事記伝』とはこの転換から遂行された注釈だといえるのです。だが記紀における神々の伝承を読めば、そこにいくらでも「韓」の痕跡を見出すことができます。

最大の「韓」の痕跡がとどめる神とはスサノオだとはすでにいいました。天上世界でアマテラスと対立し、追放され、葦原の中国《なかつくに》の統治者オオクニの祖神となるスサノオとは、「韓」の痕跡を強く帯びた神です。藤貞幹はそこから「素菱鳴尊は辰韓の主なり」といい、さらに「神代紀に、素戔嗚尊は、辰韓より渡り玉ふ故に、新羅を父母の根の国と云ふ。それを素戔嗚尊、此国の御人なるを、此邦より逐ひやらひて、新羅の蘇志摩利《そしまり》の地に在りと云へり」というのです。「辰韓」とは朝鮮古代の三韓の一つで、後に新羅はこの辰韓の斯鷹国を中心に成ったとされています。藤貞幹は記紀におけるこうした「韓」の掩蔽を指摘しながら、「此等の事は、書を読む人の眼高からざれば、共に談じがたく、癡人の前に夢をとくが如し」というのです。

宣長はこの藤貞幹のこの「眼高からざれば、共に談じがたし」の言葉を受けて、『鉗狂人』でこう反駁します。

「ひたすら強て皇国《みくに》をいやしめおとすを眼高しと心得たるは、返りて眼も心も卑《ひく》くして、漢籍におぼれ惑へるゆえ也。今一層眼を高くして見よ。その非をさとるべし。わが古学の眼を以て見れば、外国はすべて天竺も漢国も三韓も其余《ほか》の国々も、みな少名毘古那神《すくなひこなのかみ》の何事をも始め給へる物とこそ思はるれ。されば漢国にてことごとしくいふなる伏羲《ふつぎ》・神農・黄帝・堯舜をも、その本はみな此神よりぞ出でつらむ。」

もし一層眼を高くして読むならば、「韓」の痕跡なるものが「倭」の痕跡であることがわかるはずだと宣長はいっているのです。古伝承における「韓」の痕跡とみなされるものは、むしろ「日本の神」の勢威が異土に及んだことの跡として見るべきなのだというのです。記紀の神代史に神話的起源をもった「日本」の成立を読むということは、「韓」の痕跡から「韓」を消し、「倭」の痕跡として読んでいくことなのです。かくて「倭」の伝承における「韓」の痕跡によって、「倭」における「韓」を読もうとすることは狂気であり、その痕跡によってただ「日本」の成立とその勢威を読むものこそが正気の人であるとされるのです。

神話的起源からの「日本」の成立を記述する八世紀初頭の『古事記』によって、近世一八世紀の国学者宣長は固有の国家的、文化的、言語的起源をもつ「日本」を読み出していきます。まさしく彼は日本的アイデンティティを読み出していくのです。『古事記』によるこの「日本」の読み出しこそ、近代日本の成立の歴史的ア・プリオリをなす作業だといえるでしょう。日本人にとって「日本」という理念がそこに成立するのです。だがこの「日本」の読み出しとは、記紀における「韓」の痕跡から「韓」そのものを消していくことでした。それは「倭」の痕跡として読まれねばならないのです。この「韓」の消去もまた、近代日本の成立の歴史的ア・プリオリをなしているのです。近代の日本人は意識の上から「韓」を消去することで「日本」人となったといえるのです。

7 「韓」を包括する帝国

日本の古代文献資料における多量の「韓」の痕跡を無視することのできなかった多くの学者たちがいたことをすでに私はいいました。言語学者金沢庄三郎（一八七二―一九六七）もその一人でした。彼が朝鮮語に関心をもったのは、まだ学生時代であったといいます。やがて文科大学長外山正一の勧めもあって朝鮮語研究を本格化させ、韓国に留学したのは二七歳のとき、明治三一年（一八九八）でした。この金沢庄三郎の名を私が知っているのは朝鮮語研究者としてではありません。広く使われた国語辞典『広辞林』の編者としてです。随分長い間、私は兄譲りの『広辞林』のお世話になっていました。この金沢庄三郎が『日鮮同祖論』の著者でもあることを知ったのはずっと後になってからです。彼においても朝鮮語研究が『日鮮同祖論』として結実するまでに長い時間を必要としたようです。『日鮮同祖論』が刊行されたのは昭和四年（一九二九）です。韓国留学時の金沢の課題「日韓両国語の比較研究」(11)は、それから三〇年を経た昭和の時代に『日鮮同祖論』のタイトルをもった著書に包括されていったのです。それは日本の古文献における「韓」言語の痕跡という事実への注目から始まる日韓両言語をめぐる諸研究が、「日鮮同祖論」という語りをもって包括され、『日鮮同祖論』として昭和の世に公刊されたということです。それは日韓両言語の親近性を次のように語ることでした。

「まことに神代に於ては、韓郷《からくに》之島と我大八洲国《おおやしまのくに》とはかくも密接の間柄であったので、更に一歩を進めていふと、大八洲といふ中に韓郷之島も含まれてゐたといふ歴史家の説も、決して否定の出来ぬのである。」

日韓両言語の親近性は、ここでは「倭」と「韓」とを包摂するより大なる一者を予想するのです。それは「大八洲国」です。昭和四年、すでに日本は朝鮮を包括し、満州に明白な野心をもつ帝国でした。だがこの日本帝国形成への意志は明治の近代国家の成立とともに日本には存在したのです。上の文中で「歴史家の説」といわれているのは、吉田東伍(12)（一八六四－一九一八）の『日韓古史断』（明治二六年刊）におけるものです。吉田は「大八洲」について、「八洲《やしま》は島々の多きを云ふのみ。弥《や》の義、八数に限るべからず。「記」「紀」二典に載する所、牽合附会、異説頗る多し、而してみな韓郷之島を脱略せり。是れ蓋し二史の成文は三韓離叛の後にして、対馬を以て国の内外を限れるより脱略せるが如し」といい、その文末に次のような割り注を付しているのです。「要するに天智の朝以前の大八洲国は韓地をも包含せりと云ふなり」。青年言語学者金沢が朝鮮語研究を志した明治二六年、後に日本の歴史地理学会を創設する吉田東伍はすでに記紀における「韓」の痕跡によって、韓地《からのくに》を包摂する原日本帝国というべき「大八洲国」を歴史の彼方に推定しているのです。

8　日露戦争後百年の今

昨年二〇〇五年は、日露戦争終結後一〇〇年に当たりました。一九〇五年（明治三八）という年が日本人にとって日本海海戦の勝利とともに終わった日露戦争によって記憶されていても、同じくその年が竹島を日本が領有した年であるとして記憶されてはいません。日本人の記憶の問題として、ここでの記述は「日本海」も「竹島」も日本側からのいい方にしたがっています。一九〇五年とは日本人にとっては日本海海戦に勝利した年であるだけで、その海戦に先立って日本が竹島を領有化したことなど全く忘れられています。忘れるというよりも、そもそもそれは日本人が記憶すべき事項などではまったくないのです。日本の歴史年表にもそれは記載されていません。(13) 私も一九〇五年一月二八日に日本の閣議が竹島の領土編入を決定したという事実とその意味とを、崔文衡氏の『日露戦争の世界史』(14)によって知ったのです。日本外務省のサイトを見れば、一九〇五年という年は歴史的文脈から離れて、ただ竹島が領有化された年として抽象的に記されているだけです。竹島の日本領有が日露戦争の最中になされたことであり、そして日露戦争の帰結が一九一〇年の日韓併合であることは、日本人の知識と記憶の外にあることなのです。その事実に政府や外務省の役人たちばかりではない、歴史家も、そして一般人も意識的、無意識的に目をふさいできたのです。そして現に目をふさいでいるのです。

近代日本の成立とは、日本の歴史からトータルに「韓」の痕跡を消すことであったことはすでにのべました。歴史からの「韓」の消去とは、日本人の視線からの「韓」の喪失でもあります。日本人の目から「韓」は見えなくなったのです。私はこのことをただ批評家的に語っているのではありません。私は自分の体験として語っているのです。「韓」は私にとって死角だという体験を、今までに何度したかわかりません。私がここに「韓」の痕跡をめぐって語ってきたことも、友人である韓国研究者たちの指摘に多く負っているのです。

一九四五年の日本帝国の挫折は、日本人の歴史認識を根底的に問い直す時でなければならなかったはずです。たしかに歴史的反省が日本にまったくなかったというわけではありません。ただアジアの諸隣国との関係における歴史的反省が日本に基本的に欠落していたのです。日米関係において歴史を正すことはなされても、日韓、日中の関係において歴史を正すことを日本は基本的にネグレクトしてきたといえます。そして経済大国日本の成立は、「韓」を消去させた帝国日本の眼差しを日本人に再生させてきたのです。近来の韓流とは、日本人のこの死角に、突如現れた「韓」への驚きが生み出したものです。韓流は、私には日本人における「韓」の消去と裏表をなしているように思われるのです。

だがすでに事柄は、戦後六〇年の現在、日韓関係を含めて東アジアをどう考えるかという最後の問題に入っております。私はこの最後の問題に正面しなければなりません。

〈注〉

（1）この考察は既存の関係を超える視点なり、立場を要請する。それはこの関係の局外的第三者の立場ではない。それはこの関係の内部にあって、国家としての日本の歴史認識の欠落やその間違いを追及するものに要請される立場である。

（2）網野善彦『日本社会の歴史』上、岩波書店、一九九七。

（3）早く吉田東吾は『日韓古史断』（冨山房、明治二十六、一八九三）を著している。最初の東洋史学者白鳥庫吉の「三韓征服」という未発表原稿が書かれたのは明治三十年（一八九七）頃とされている。その頃から白鳥は日本の古語と朝鮮古語との比較研究を始めている。金沢庄三郎の『日鮮同祖論』の刊行は遅く昭和四年（一九二九）であるが、彼が朝鮮語の研究を志したのは明治二六年のことだといっている。

（4）『日本書紀』は本文と、その異本とされるテキストを「一書に曰く」として挙げている。

（5）黒板勝美編『日本書紀』（岩波文庫旧版）の訓読による。
（6）坂本太郎ほか校注『日本書紀』（岩波文庫新版）一、巻第一の語注による。
（7）藤井貞幹。国学者とされているが、後藤芝山、柴野栗山に学んだ貞幹は、国学者というよりは、むしろ漢学的教養をもった日本古代文化の考証家とみなすべきだろう。著書に『衝口発』のほかに『好古日録』『好古小録』がある。
（8）『呵刈葭』は上下二篇からなり、上篇は上代国語の音韻をめぐる宣長・秋成の論争であり、下篇はいわゆる「日の神」論争といわれるものである。天明七年（一七八七）、宣長の手によってまとめられた。この論争は、日本の古代について国学者の間にさまざまな見方があったことを教えている。
（9）『鉗狂人』『本居宣長全集』第8巻、筑摩書房、一九七二。
（10）『衝口発』筆者所蔵の一七八一年刊の版本による。
（11）留学の成果としての学位論文「日韓両国語同系論」によって金沢が学位をえたのは明治三五年（一九〇二）である。
（12）吉田東吾、独学によって歴史学を修め、『日韓古史断』『徳川政教考』を著し、学者としての地位を築く。後に早大教授、また歴史地理学会を創設し、『大日本地名辞書』の刊行事業を完成させた。
（13）もっとも詳細に記載されている近代史年表『近代日本総合年表』（岩波書店、一九六八）にもその記載はない。
（14）『日露戦争の世界史』（朴菖熙訳、藤原書店、二〇〇四）は、『国際関係史から見た日露戦争と日本の韓国併合』の日本語版である。

（韓国学中央研究院・講義3〈二〇〇六・五・一七〉。

のちに、崔文衡氏との共著『歴史の共有体としての東アジア』藤原書店、二〇〇七に収録）

五　「東アジア」という可能性
——一国的日本史を開くとは何か

1　「東アジア」とは

西嶋定生の『古代東アジア世界と日本』(1)に付された「解説」で李成市が可能性としての「東アジア」についてこう記している。「可能性としての「東アジア」があるとすれば、そのような広域の地域に包含される諸国に生きる人々との対話を通して、共有できる枠組として鍛えていく必要があるだろう」と。あるいはこの言葉を私はいきなりここに引くべきではないのかもしれない。なぜなら「「東アジア」という可能性」というタイトルを掲げた本論が結論としてのべようとする方向を、すでに李成市の言葉は示していると思われるからである。だが私があえてこれをここに引いたのは、李のその言葉は彼自身が解説しようとする西嶋の「東アジア世界」をめぐる歴史学的議論への批判とはいわないまでも、少なくとも西嶋の議論が欠如させている視点への提言だと私には思われたからである。西嶋の歴史学的議論には可能性としての「東アジア」への視点などはない。

李がここで慎重に「東アジア」と括弧でくくっていっているのは、東アジアとはまさしく言説上に存在する地域概念だからである。アジアが「東洋」として「亜細亜」として、また東アジアが「東亜」として「大東亜」として帝国日本の言説上に存在してきたことはいうまでもない。東アジアは「東亜文化圏」として、あるいは「東亜協同体」として帝国日本の学術的言説の上で、同時に政治的言説の上でさまざまに語られてきたのである。東アジアとは日本近代史の上ですでに語られてきた概念である。それがいかに語られてきたかは、私はすでに詳しくのべている。[2] 私たちがもはや「東亜」の語を使用しないのは、それが帝国日本と不可分な概念であることを承知しているからである。「東アジア」とは、それゆえ「東亜」ではない何かを志向しながら、東アジア地域の再生をめざして使用される概念であるはずである。「東アジア」とはこの地域の可能性としての概念なのだ。「東アジア」が可能性としての概念でなければならないのは、何よりも「東亜」が抑圧の概念であったこの地域の人々にとってである。日本支配下の朝鮮にとって「東亜」がいかに屈折した意味をもったかについては趙寛子が詳しく書いている。[3]

しかし東洋史家西嶋には日本近代史におけるこの言説上の概念「東亜」への反省的考慮はな

い。この「東亜」への反省なしに西嶋は「東アジア」をあたかも日本一国史の閉鎖性を解く清新な世界史的概念であるかのごとくにして登場させるのである。はたして「東アジア」は彼にあってそのような概念でありうるのか。

2　なぜ「東アジア世界」なのか

東洋史家西嶋定生は「東アジア」を歴史的世界としてどのように概念構成しているのだろうか。西嶋自身の言葉によってそれを見てみよう。やや長いがその全文をここに引いておきたい。

「黄河の中流域に発生した中国文明は、それ自体の質的発展の過程において、華北から華中・華南へと領域を拡大して中国全土に及んだ。この中国文明の展開にともなって、その影響はさらに周辺諸民族にも及び、そこに中国文明を中心とする自己完結的な文化圏を形成する。これがここにいう「東アジア世界」なのである。このばあいこの文化圏が自己完結的であるということは、この文化圏に共通する諸文化が中国に起源をもつ文化ないしその影響を受けたものであるということ、およびそのような性格の諸文化がこの文化圏内において独自的ないしは相互関連的に展開するという歴史構造をもっているという意味である。それゆえにこの「東アジア世界」は文化圏として完結した世界であるとともに、それ自体が自立的発展性をもつ歴史的世界なのである。(4)」

西嶋がいう「東アジア世界」とは歴史的な実体をもった世界である。それは「中国文明を中心とする自己完結的な文化圏」を意味している。この中国的文化圏をなぜ「東アジア世界」というのか、西嶋自身はその理由を何も語っていない。中国文化が周辺諸民族に及び、周辺地域を包括する中国文化圏が成立するから、それを「東アジア世界」と呼ぶのだと西嶋は自明のごとくいう。それでは「中国文化圏」をただ「東アジア世界」といい換えたにすぎないことになる。事実、西嶋によってなされる歴史的「東アジア世界」の語りは、歴史的「中国文化圏」の語りであるにすぎない。歴史的文化圏としての「東アジア世界」を構成する指標は、「(一)漢字文化、(二)儒教、(三)律令制、(四)仏教、の四者に要約できるであろう」と西嶋はいう。もちろんこれは中国文化を構成する指標である。なぜそれらを「東アジア世界」を構成する指標としていうのか。なぜならそれらが「東アジア世界」を一体的な圏域として自己完結性をもって構成してきた文化的な共通の契機だからだと西嶋はいうだろう。しかしそれはなぜ「東アジア世界」かという問いへの回答ではない。それはただ「東アジア世界」とは「中国文化圏」であるといったにすぎない。

なぜ西嶋において「東アジア世界」なのかという問いへの答えは、彼による「東アジア世界」の概念構成のうちにあるというよりは、彼の歴史学的志向ないし企図のうちにある。そこには「われわれ自身を生んだ歴史」としての日本の歴史を、隔離された一国的な歴史としてではなく世界史的な連関で理解しようという、まさしく世界史的な志向がはらまれている。しかし既存の世界史とはヨーロッパ中心的世界史としてであり、人類の普遍史がヨーロッパ的発展段階に準拠して記述される人類発展史であることへの反発が、西嶋に特殊的世界史の立場をとらせることになる。その世界史とは次のように規定される。なおここで付言しておけば、西嶋のヨーロッパ世界史への批判を前提にした特殊的世界史の立場は、戦時西田学派の歴史哲学が提示する「世界史の立場」にまったく類似する。この点については後にまたのべる。

「それは世界史というものをヨーロッパ中心とした構造とか、あるいは人類発展の普遍的法則という抽象的規定性に求めるのではなくて、人類の歴史がそれぞれの時代的特性に限定されながらも、なおかつ一定の地域における共通性と完結性とをもっていたという認識を前提として、そこにその地域に具現した歴史の自己完結性を認め、この自己完結的な構造を世界と呼び、この世界における諸歴史事象をこの世界の歴史的推移の中で理解しようという立場である。(5)」

西嶋は近代以前の世界に存在したのはこの自己完結的な構造をもった複数の世界であるという。そして日本の歴史が理解されなければならないのは、「日本列島そのものが包含される完結した構造」をもった世界との不可分の関係においてであるとし、その世界を「東アジア世界」というのである。この日本列島が包含される完結した構造をもった「東アジア世界」とは中国文化圏にほかならない。しかし中国文化圏はいま日本史を世界史的連関のなかに位置づけようとする西嶋の歴史学的志向にしたがって「東アジア世界」として記述されるのである。ではこのように構成された「東アジア世界」とは、この概念そのものを構成させた西嶋の歴史学的志向、すなわち世界史への志向を満足させるものであるのか。

3　自己完結的「東アジア世界」とは

西嶋に「東アジア世界」という歴史的地域概念を構成せしめたのは、日本の歴史を自己閉鎖的な一国史としてではなく、外部世界に開かれた歴史として、世界史的観点から理解されなければならないという彼の歴史学的な志向からであった。だが日本の歴史の外部的世界が自己完結的な「東アジア世界」として構成されたとき、はたしてこの世界は日本一国史を開いていくような外部的世界でありうるのだろうか。

西嶋が構成する「東アジア世界」とはそれ自体としての完結的な構造をもった歴史的世界で

ある。この東アジアの歴史的に完結的な構造をもった世界とは中国文化の支配的影響下に成立する世界である。この中国文化圏に包摂される東アジア諸地域の存立のあり方を根底において規定してきたのは支配的中国との政治的な関係であるとされる。この支配的中国と周辺諸国・諸地域との政治的関係は歴史的に冊封体制として維持されてきた関係である。したがって東アジアの国際秩序とは、中国を中心とした冊封体制的秩序からなるものとみなされる。日本国家の形成もその展開も、この冊封体制的秩序との関連から理解されてくるだろう。たとえば十世紀前半における日本の平将門や藤原純友の乱も、唐の滅亡にともなう冊封体制の変質から理解されねばならないとされる。しかし、こうして記述される東アジア世界史とは中華帝国史以外の何かであるのだろうか。西嶋の記述する「東アジア世界」史とは、中華帝国的視圏に成立する「東アジア」の歴史にほかならないのではないか。

西嶋は日本一国史を開く外部世界を求めながら、実は中華帝国の内部に入っていっただけである。あるいは日本一国史という内部史を中華帝国の内部史として書き換えただけである。それは決して日本一国史の閉鎖性も内部性も破ることではない。西嶋による「東アジア世界」史とは「東アジア世界」を自己完結的に構成してきた中華帝国の内部史である。自己完結的な「東アジア世界」とは、一国史的な内部世界をより大きくした内部世界である。それは一国的な内部世界を開くことにはならない。たかだかミクロの内部世界（日本国家）をマクロの内部世界（中華帝国）から書き直しただけである。

4　世界史的立場と「アジア」

西嶋の構成する「東アジア世界」は、さきにふれたように昭和戦時期に西田学派の歴史哲学者が構成する「アジア」世界に類似する。彼らいわゆる世界史的立場の学者たち[6]が構成するアジアとは、世界史においてヨーロッパに対立する特殊世界である。この世界史的立場を理論的に代表する高山岩男は、ヨーロッパとアジアとが特殊的共同性をもった世界として、それぞれに特殊性をもったまま統一的な世界史の中に連関して存在する「世界の新秩序」を説こうとするのである。彼はまずヨーロッパ近代原理の普遍的な自己主張としての「普遍的」世界史を、「特殊」ヨーロッパの世界史としてとらえかえしながら、ヨーロッパの普遍性の自己主張が生み出す対立者としてのアジアに、世界史への自立的主張の場を認めさせようとするのである。こうして近代の「普遍的」世界史は、みずからの解体を通じて成立する「特殊」ヨーロッパと「特殊」アジアとがそれぞれに「所を得て」存在する普遍的世界の形成へと向かわねばならないのだと説くのである。[7]そして現になされている世界戦争とはまさしくこの普遍的世界の実現のための世界史的転換の戦いだと解するのである。

「今日の世界戦争は欧州大戦と大東亜戦争との二つの中心をもち、而も今この二つの中心は一つに結びついてゐる。この戦争を通じてヨーロッパは新なヨーロッパとなり、アジアは新なアジアにならうとしてゐる。現代の転換は新しきヨーロッパの自己形成の運動であり、同時に新しきアジアの自己形成の運動である。この二つの自己形成の運動は内面的に結びつき、互に他を喚起するの呼応関係を有してゐる。」(8)

このヨーロッパ近代の超克を志向する世界史的立場が構成する「アジア」と同じくヨーロッパ世界史に対立しながら歴史的世界として西嶋が構成する「東アジア世界」との何が類似しているのか。まず両者ともにヨーロッパ中心主義的世界史への批判から対抗的に構成された世界であることがいえるだろう。そしてヨーロッパ世界史の普遍性の主張に対して彼らは多元的な特殊的世界からなる世界史像を提示するのである。「アジア」世界とは「ヨーロッパ」世界と併存する独自の特殊的世界の一つとして彼らの言説上に成立するのである。多元的な世界像は基本的にヨーロッパ近代への批判から提示されるポスト・モダンの世界像である。だがヨーロッパ世界への対抗として構成される「アジア」という特殊的世界は、それ自体としては多元的世界ではない。西嶋の構成する東アジアとは自己完結的な「中国文化圏」であった。政治的には中国を中心に秩序づけられた冊封体制としての一元的な帝国的世界であった。高山ら「世界史」の立場が構成する東亜もまた指導的国家によって全体的一を実現する共栄圏である。高山らは歴史の現実体である民族国家の多を前提にしながら東亜共栄圏の一を実現しようとする。

「共栄圏の民族や国家は近代の如き孤立した民族や国家ではなく、共栄圏民族であり、共栄圏国家である。……そして全体的一の立場に立つて共栄圏をかかる構造に組織するものが指導国家である。指導国家は他と並ぶ一個の一でありながら、同時に多の立場を超えた一の立場に存するものである。指導国家なくして共栄圏は組織されない。[9]」

多即一・一即多の西田哲学的な論理をもって高山は東亜共栄圏における全体的一の実現を説いていくのである。高山らの世界像を構成する多元性の原理は特殊的世界「アジア」を貫徹することはない。「アジア」は多であるとともに一でなければならないとされるのである。「アジア」の一は世界史的民族[10]というべき民族的国家日本の指導を通じて実現されるだろう。とすればその「アジア」とは日本帝国が実現すべき理念としての「東亜協同体」であり、「大東亜共栄圏」であるほかない。かくて高山ら世界史的立場が説く「アジア」とは、西嶋のいう歴史的「東アジア世界（すなわち中華帝国的世界）」が崩壊する近代アジアにおいて、新たな盟主日本帝国によって「一」として再構成されるべき「大東亜的世界（すなわち日本帝国的世界）」であるのだ。

5　一国史の外部化とは

西嶋のいう「東アジア世界」が昭和日本によって実現さるべき理念「大東亜的世界」の形成前史をなしてしまうことは、可能性としての「東アジア」を考えるものにとってこの「東アジア世界」がもはや負のテーゼでしかないことを意味している。これでは駄目なのである。いったい歴史的「東アジア世界」という概念構成の何が駄目なのか。駄目であるのは一国的日本史(国史)の閉鎖性を破るという西嶋の歴史学的志向がこのような概念構成と結びついたことにある。

一国的日本史(国史)の閉鎖性を破り、その歴史を外部へと開いていくためにはどのような歴史学的視点と方法とが求められるのか。一国史をほんとうに外部へと開くためには西嶋がしたとは逆の歴史学的アプローチが必要だろう。逆とは、彼の歴史学的視点と方法とを成しているものを転倒させることでえられる何かである。一国史を外部へと開いていくこととは、一国史を包摂するようなその外側のもう一つの大世界に関係づけることではないはずである。ところが西嶋は一国史を包摂する自己完結的な「東アジア世界」を構成してしまうのだ。一国的日本史を「東アジア世界」史として語ることが、一国史を外部化し、世界史的連関でとらえたことだと彼はみなしているのである。だがそれは一国的日本史を中華帝国的視圏に組み入れて語り直しただけである。このような語り直しが一国史を開くことにはならない。一国家史を、その国家を周辺国としてもつ帝国の視点から書き直すことは、一元的な国家史をより大きな一元的な帝国史として書き直すことにすぎないのである。一国家史という一元的な歴史記述が根底的に転倒されないかぎり、それを「東アジア世界」史に包摂させても、そこに成立するのはより大きな帝国史という一元的な歴史記述になってしまう。ましてや西嶋において「東アジア世界」とは、その実体として中国文化圏を、政治的には中華帝国的な冊封体制的世界を前提にし、その周辺諸国との政治的関係を基底にして構成された帝国的概念である。そうであるかぎりこの「東アジア世界（中華帝国的世界）」の記述はかえって周辺国のナショナルな問題を生起させてしまうだろう。現今の中国と韓国との間に持ち上がっている「高句麗問題」のような。

一国史の外部化は、一国的内部化の暴力や抑圧的な一元的イデオロギーに対抗する批判的視点によってしかなされることはない。外部とはその一元的な内部化が排斥する他者である。一国の外部とはそれを包括する帝国ではない。帝国もまたより大きな内部化の暴力をもつのである。

6 網野歴史学と「日本」化イデオロギー

一国史の外部化をこのように見るわれわれに呼び起こされてくるのは、網野善彦が歴史家としてほとんど孤独に遂行してきた日本列島をめぐる歴史的作業である[11]。だがその作業に「歴史的」という形容詞をもってすること自体がすでにその作業の質に相応しくないといえるだろう。網野がしてきたのは歴史の非歴史化的作業であったからである。

国史とはもちろん一国家史である。現前する国家が国史を、すなわちこの国家の一元的な歴史記述を要求するのである。この一国家史に対して網野中世史は十二世紀末における東国国家の西国王朝国家との併存的な成立をいう。この「東国王権」と「西国王権」をめぐる網野のよく知られた議論は、彼のする歴史的作業がまさしく非一国家史化という意味での国史の非歴史化的作業であることを鮮やかに示す事例である。この東国国家の成立をいう網野の議論は相続制などをめぐる東西日本の比較社会論を導いていく。だがこの東と西の比較論は網野において一国的一民族的日本社会論に批判的に対立する多様多元的列島社会論として展開されるものであった。だから十二世紀末における東国国家の樹立も、西国の王朝に対抗しただけではなく、「北方―東北地域の独自な動きとの緊張を通じて、はじめて形をなしていったことを見落としてはならない[12]」と網野は説くのである。西の王朝国家に対する東の新たな国家の樹立を見ることは、同時に列島の東西南北に多極的な動きを見出すことであるのだ。北方とともに南方にも新たな動きは起こっているのである。十一世紀以降、南九州から南西諸島にかけての地域は中国大陸との活発な交易関係に入るとされる。この交易関係の活発化と生産基盤の変化を背景に、南西諸島は十二世紀に「古琉球時代」に入ったことを網野はいう。単一国家論を解体する網野の東国王権成立論とは、列島とその周辺海域を含んだ地域における多極的な動きをとらえる視点によってはじめて可能であったといえるのだ。

日本史を、あるいは日本を世界に開くこととは、日本人の歴史的な課題を人類の生存と平和の実現のうちに見出すことだと網野はいっている。[13] しかし日本人が己れの課題を人類の生存と結合させて見出しうるためには、日本人を歴史的に呪縛してきた「常識」に徹底的な再検討を加えなければならないと彼はいうのである。その常識とは日本を内閉的な、均質的な「日本」たらしめてきた見方である。「日本」化的イデオロギーというべきような見方である。その再検討されなければならない常識の第一は「日本島国論」である。日本を孤立した島国とする見方である。それは日本人の均質性や閉鎖性を連命的な条件によるとする見方である。そして再検討されなければならない常識の第二は「水田稲作一元論」である。それこそ「瑞穂国日本」という国家の姿を歴史的に基礎づけてきた見方である。第三の常識とは「単一民族・単一国家論」である。日本人は単一民族として、日本国は単一国家として現在まで存続しているという見方は、日本人の常識を支えてきたもっとも基本的な見方である。

そして最後に「常民」をめぐる常識があげられる。それは「日本民族」の均質な体質を作り出してきた平民、百姓の問題である。日本におけるふつうの人々とは誰かという問題である。柳田民俗学はこの人々を「常民」ととらえてきた。歴史学はこの人々を隷属的農民ととらえてきた。また百姓を農民とみなすことは常識となっているが、それらは正しいのか。それは農本主義が作り出した常識ではないのか。この常識としての平民観は、もう一つ重大な常識をともなっている。すなわち平民の共同体から離脱し、あるいは排除されたものを異種族・異民族ととらえ、「化外の民」とか「賤民」とする見方である。

網野がわれわれの検討課題として掲げた四つの「常識」とは、日本列島の住民を「日本」人とし、「日本」人であることに内閉させ、かくて「日本」国家を形成してきた「日本」化的イデオロギーだということができる。網野歴史学とはこの「日本」化的イデオロギーの虚構性を、中世史を主要舞台にして歴史学的実証のレベルであばいていく壮大な作業であったのである。一国的日本史（国史）を開くことは、日本列島の歴史を「日本」一国史に内閉してきたものと正面する戦いなくしてはありえないことを、網野はみずから果たした歴史学的成果とともにわれわれに示している。そして他の国家史と関連づけることで、あるいは帝国的国際秩序と関連づけることで一国的日本史が外部化されたりすることは決してないことをもわれわれに語っているのだ。

7　抑圧された外部

日本史を一国家史（国史）に内閉することは一国的なものの外部を抑圧することである。網野が四つの「常識」という「日本」化的イデオロギーを解体する歴史学的作業がわれわれに開示していくのも、「日本」化という日本国家史への内部化が抑圧してきた外部である。

「日本島国論」という常識における「島国」とは、本州・四国・九州を中心とする島々に限定され、北海道・沖縄はその常識から欠落する。常識は「日本」という「島国」を「やまと」に限定しているのである。さらにその常識は日本を取り巻く海を人と人との交流を隔てる海としてのみ見て、人と人との交流を結ぶ海としては見ないのである。網野は「なにより不思議なことは、「島国論」に基づく日本論が、現在の日本国内の島々の間の海のみを、人と人とを結びつけるものとし、他の海のすべてを、人と人とを隔てる海としている点である」と、海をただ隔てる海とみなす常識の不自然さを指摘するのである。

「浪荒い玄界灘を隔てた九州と対馬の間に人びとの文化の交流が縄文時代以来あったとしながら、ドーバー海峡ほどではないにせよ、狭い対馬と朝鮮半島との間の海―朝鮮海峡が人と人とを隔離したなどと考える議論の不自然さは、誰が見ても明らかであろう。また南九州と奄美、沖縄との間に文化の交流があったとすれば、宮古、八重山と台湾との間に同じことのあったのは当然であり、東北と北海道の間の海が人と人とを結ぶならば、北海道とサハリン、沿海州との間の海が同じ役割をしないはずはないのである[14]。」

日本人を一国的視圏に内閉する「日本島国論」という常識が抑圧するのは人と人とを結ぶ海であり、開く海であり、その海によって開かれた日本列島である。この海による日本列島の開放のさきに見えてくるのが「東アジア」であるだろう。だが誤解してはならない。「東アジア」とは日本からの海路の彼方に存在する地理上の実体ではない。地理上の実体とは大唐国であり、新羅・百済であり、あるいは渤海であり、また倭であるだろう。そのような実体として求められる「東アジア」とは再び西嶋のいう「東アジア世界（中華帝国的世界）」となってしまうだろう。私がいう「東アジア」とは一国的日本が抑圧してきた外部世界である。この外部世界は実体的世界ではない。それはこの一国的日本を開いていく人と人との交流そのものと不可分な場、あるいは多様・多面な交流がなされる空間である。「東アジア」とは「日本島国論」という内閉する「日本」化的イデオロギーを解体する網野の歴史的実証の作業が開示していく開かれた交流的空間である。

8 なぜ「常民」は「常識」か

網野歴史学は日本人をとらえる四つの「常識」を批判的な歴史的検証の課題として掲げた。この「常識」を私は「日本」化的イデオロギーととらえた。もしこれが正しいとすれば、彼の歴史学とは「日本」化的イデオロギー批判の歴史学であるはずである。すなわちイデオロギー批判という理念的作業を前提にする歴史学だということである。私はそれを不当だというのではない。むしろ正当な歴史学だと考えている。だが網野の歴史学者としての衝動が、彼を理念的作業に立ち止まらせることなく、歴史的実証による反論提示へとたえず彼を突き動かしてきたようだ。「常識」とは何か、「常識」としてそれらはいかに言説構成されてきたのか、といった問題は問われることなく、「常識」はまさしく常識として前提されてしまってきた。「日本島国論」はたしかに常識として「常識」とみなしてもよい。だが「常民」とはなぜ「常識」なのか。

網野は「日本民族」とは均質性の高い民族であるというような見方は「一つの虚偽意識――イデオロギーであり、それが現在、日本人の意識の中に深く根を下ろし、「常識」として通用している」といい、そうした「常識」自体が再検討されなければならない歴史学的な問題だとした。こうしてさきにあげた四つの「常識」が再検討の課題として提示されたのである。その四つ目に網野は、「常民―平民、百姓」の問題を上げたのである。

「さらに立ち入って、日本の社会自体の内部に目を向けるならば、そこにまず浮かんでくるのは、いわゆる「常民」―平民、百姓の問題であろう。これまでの歴史学はこれらの人びとを、しばしば「アジア」的といわれる国家の支配下に置かれた人びととして、もっぱらその隷属民的な側面のみに目を向けてきた。しかし「日本民族」の体質をつくりだし、さきの「均質性」を担ったとされているのは、まさしくこれら平民、百姓であり、この人びとの生活と意識をより深く追求することによって、その身分的な規定を含め、日本列島の諸地域に即して実態を考え直してみることは、前述した諸問題の再検討をさらに徹底したものにするために、どうしても解決されなくてはならない課題、と私は考える。(15)」

ここで網野が「前述した諸問題」といっているのは、彼が「常識」という「日本島国論」「水田稲作一元論」「単一民族・単一国家論」である。この日本人の常識であるような見方の再検討をさらに徹底させるために「常民」の問題の追求が必要だというのである。上掲の「常識」とされる諸問題の基底にあるのがこの「常民」の問題だとみなされるかぎり、これも「常識」という再検討課題だということになる。その「常識」とは、「常民」というふつうの日本人が「日本民族」の体質をつくりだし、その均質性をもたらしているという見方である。網野に従って「常識」としての「常民」という問題を再構成すればこのようになるだろう。ただ「常民」を「ふつうの日本人」としたのは私である。歴史家網野は「常民」を「平民、百姓」としている。ところで上の文章で網野も「いわゆる「常民」」というように、「常民」とは引用された概念である。誰からの引用か。柳田国男から、あるいは柳田民俗学からである。網野は柳田から「常民」概念と問題構成とを引用しつつ、それによって「常識」問題を構成してしまっているのである。

柳田民俗学は「常民」の発見とともに成立する。「常民」とは柳田では「平民」とも「常人」ともいわれる、日本の民俗を担い、それを伝承するふつうの生活者である。柳田が自分を含めて「我々平民」というかぎりこの「常民（平民）」とはふつうの日本人である。このふつうの日本人によって日本人のふつうの生活の習い（民俗）が作られ、担われ、伝承されてきたのである。この常民としての日本人が作り、担ってきた生活への反省の学が柳田の「民俗学」である。[16] この「民俗学」は柳田において史官が閑却してきた「常民大衆の歴史」（『民間伝承論』）をたどる学問だともいわれるのである。このように「常民」概念とは柳田民俗学が構成してきた概念である。この「常民」概念とともに、歴史に記載されない日本人の生活についての反省の学である「民俗学」もまた成立するというべきだろう。

柳田による「常民」とは権力の歴史記述が排除するただふつうの平民的生活者であり、したがって柳田民俗学とはこの平民的生活の記録、平民史でもある。それは近代日本の新たな国民史の課題に答えたものだということができる。柳田はみずからの学を新しい「お国学び」というのである。さらにその「常民」が稲作に従事する平地住民に重ねられ、日本の共同体的生活の担い手とされるとき、それは「水田耕作一元論」や「単一民族論」などの「常識」を支えるもっとも有力な概念となるであろう。網野はこの「常民」概念を、日本の共同体的生活の担い手という概念構成とともども引用し、四つ目の「常識」を構成しているのである。

「常民」がなぜ「常識」という「日本」化的イデオロギーなのかという問題に網野に代わって答えればこのようになるであろう。

9　「常民」を問うこととは

「常民」を再検討の問題として問うとは何か。「常民」が日本人の「常識」という「日本」化的イデオロギーを基底的に支える概念だとするならば、この「常民」概念を問うとは、「日本」を作ってきたイデオロギーそのものの批判的解体に向けて問うことでなければならないだろう。では歴史家網野はいかに問うたのか。彼は一方では「常民」を「百姓」として社会階層的に実体化し、「百姓＝農民」という農本主義的理解の誤りを歴史的実証によって正していこうとした。他方、彼は日本の平地共同体の構成者である「常民」概念が排除し、抑圧したものを、歴史実体的に何であったかを追求していった。だから「常民－平民、百姓」の問題をめぐる網野のさきに挙げた文章は、次のような言葉をともなうのである。

「そしてそれはおのずと、これら平民の共同体から離脱、追放された人びとの問題を伴ってくる。これまでの「常識」の中には、そうした人びとをときに「異種族」「異民族」ととらえ、また古代以来一貫して「化外の民」「賤民」と規定する見方が強固にあったといえよう。その誤りはもはやほとんど明らかにされたと思われるが、いまだ「常識」の中から完全に消え去ったとはいい難いのである。」

「平民の共同体」が排除したものとは、「常民」概念の批判者が当然向けるべき視線の方向である。「常民」概念の批判的解体は、それが排除し、抑圧したものによってなさるべきことである。だが網野によるこの排除されたものへの追求は、この被排除者を「化外の民」「賤民」としてきた「常識」の誤りを正すことに向けられる。彼はこれら被排除者の問題は「非定住民、非農業者、職人」の問題と重ねて追求されねばならないというのである。さきの「百姓＝農民」観の誤りを正す歴史的作業とともに、網野が「常民－平民、百姓」問題をめぐってする作業は日本の社会構成の多元化に向けてなされている。常民一元論的な日本的社会構成から多元論的な社会構成へというのが、「常民」概念に向けてなされた網野の批判的な歴史的作業であったといえるだろう。多元化とはたしかに一元論的な社会観の批判として当然とるべき方向だろう。だが多元化するとは何かが問われなければ、多元化的な歴史的作業はただ社会の組み替えに終わってしまうことにならないか。すなわち、一元論的日本社会を多元論的日本社会に組み替えていくことに。あるいは「一つの日本」を「いくつかの日本」へと。やはり「いわゆる「常民」」と網野が引用的に前提にした「常民」概念にわれわれはもう一度立ち返ってみることが必要だろう。

柳田のいう「常民」はたしかに稲作に従事する平地住民をその概念構成における原像としてもってはいるが、しかしこの概念がもつ非実体的な、方法的な概念としての性格をも見るべきではないか。すなわちこの概念を設定することによって、日本の共同体的な生が、恒常性と固有性とを備えて民俗学的対象として構成されてくるような。それゆえこの「常民」概念とともに柳田の「一国民俗学」もまた成立するとされるのである。とするならば「常民」概念の批判とは、その相関項としての「日本的共同体的な生」そのものに向けられるものでなければならないはずである。「常民」概念が排除し、抑圧したものによって、ただ日本社会を多元的に再構成するのではなく、「日本的共同体」の外部が見出されなければならないということである。

「常民」概念が排除したものとは、「日本的共同体」の外部であるのだ。とするならば一元論的日本社会の多元化とは、「日本的共同体」の外部化でなければならない。

柳田は既存の国史が排除した平民によって「常民」概念を構成し、ふつうの日本人の生活の学である「民俗学」を成立させ、平民の歴史を記述しようとした。では「常民」概念を「常識」として批判するわれわれが、「常民」概念が排除した外部に視点をすえて作らねばならない学とは何か、あるいは記述せねばならない歴史とは何か。それは自閉する一国「日本」の開けの空間に、人と人との多様な交流の中に成立する「東アジア」の学であり、「東アジア」生活者の歴史ではないか。たしかに網野が「百姓」概念を解体し、「日本共同体」の被排除者を追跡しながら見出していったのも、列島の山野を、そして開かれた海を活発に往来し、流通し、交流してきた人びとの姿ではなかったか。網野歴史学のわれわれにおける継承とは、まさしく可能性としての「東アジア」の学としてだと私はいいたい。

〈注〉

（1）西嶋定生『古代東アジア世界と日本』李成市編・岩波現代文庫、二〇〇〇。

（2）『「アジア」はいかに語られてきたか——近代日本のオリエンタリズム』藤原書店、二〇〇三。

（3）趙寛子「徐寅植の歴史哲学——世界史の不可能性と「私の運命」——」（『思想』二〇〇四年一月）ほか。

（4）西嶋・前掲書「第一章　序説──東アジア世界の形成」。
（5）西嶋・前掲書「第三章　東アジア世界と日本史」。
（6）『世界史の哲学』（岩波書店、一九四二）の著者高山岩男をはじめとする西田学派の哲学者・歴史学者、すなわち高坂正顕・西谷啓治・鈴木成高は『中央公論』誌上で「世界史的立場と日本」という座談会を太平洋戦争開戦の直前一九四一年十一月に行なっている。「世界史的立場」とは昭和戦時期における彼らの歴史哲学的立場をいう。
（7）上掲・高山『世界史の哲学』。なお高山らの世界史的立場については、私の「日本の近代と近代化論」（『日本近代思想批判』所収、岩波現代文庫）および「「世界史」とアジアと日本」（前掲『「アジア」はいかに語られてきたか』所収）を参照されたい。
（8）高山岩男「世界史の動学」（『世界史の理論』所収、世界史講座1、弘文堂書房、一九四四）。
（9）高山岩男『日本の課題と世界史』（弘文堂書房、一九四三）。
（10）「世界史的民族とは世界史的問題解決の主体たる民族の謂である。かかる課題を果たし行く民族である。」（高坂正顕『民族の哲学』岩波書店、一九四二）。
（11）歴史家としての網野の孤独を私はいうのであって、後に見るように彼の仕事は文化人類学や民俗学などの他領域に多くの理解者と同調者とを見出している。
（12）網野善彦「第三章　列島社会と日本国」（『「日本」とは何か』日本の歴史00、講談社、二〇〇〇）。
（13）網野「第一章　日本社会論の視点」（『日本論の視座──列島の社会と国家』小学館、一九九〇）。
（14）網野・同前書。
（15）網野・同前書。
（16）この柳田「民俗学」についての私の批判的な考察については、「一国民俗学の成立」（『日本近代思想批判

——一国知の成立』所収、岩波現代文庫)を参照されたい。

(東北芸術工科大学東北文化研究センター編「季刊東北学」第2期・第一号、二〇〇四・一一・一)

六　「国家が祀ること」とは何か

――市民にとっての「靖国問題」の原点

「国家のために生き、死ぬこと」から「よく生き、死ぬことのできる国家」へ
私の「靖国問題」テーゼ

1　一市民として考えること

私は年金生活者です。四年前に大学を定年退職して以来、私は生活の上で基本的に公的な組織との関わりをもっていません。ただ一昨年以来、私は毎週一回一橋大学で講義しておりますが、それも非常勤講師としてで、その講義もこの三月で終わります。大学を退職してから私は友人たちとともに市民講座を開設し、東京と大阪で月に一度づつ伊藤仁斎や荻生徂徠について、さらには日本のナショナリズムについて講義をしたりしております。しかしこれは私のヴォランティア活動ともいうべきものです。大学を退職して私は一市民になったという実感をもちま

した。それではお前は大学に籍を置いていた当時は市民ではなかったのかと詰問されるかもしれませんが、私がいうのは市民としての意識、自覚の問題です。私は以前、一市民としてよりは肩書きによって物を考えていたのではないかということです。

私は公的な務めを退いて一市民として、たとえば「東アジア」という問題を考えようとすると、それはとても考えにくい問題であることに気づきました。私は教師として長く大阪大学の日本学研究室に属しておりました。そこには中国・韓国・台湾やタイなどアジア各地からの多くの留学生がおりました。したがって「アジア」の問題を考えることは、その当時の私にはきわめて自然なことでした。だが退職し、公的組織を離れて一人の年金生活者になったとき、「アジア」の問題を考えることが私にはとっても難しいことであることに気づきました。「アジア」と日本の一人の年金生活者である私との間を結ぶ、いったいどのような回路があるのでしょうか。その回路は見つけにくいものです。

『アジア新世紀』という講座が岩波書店から出ましたが、その最終巻で「アジア学の作りかた、アジアの作りかた」という座談会をやっております。そのなかで莫邦富がとても重要な発言をしております。「誰が、なぜアジア学をやるのか」と彼は出席者たちに問うているのです。これは座談会の他の出席者、すなわちアジア問題に積極的に発言している専門家たちにとってまったく思いがけない質問です。彼らは自分の発言のモチベーションなど考えてもいなかったでしょう。しかし考えてみれば、「アジアの作りかた」といった問題を、誰が、どのような資格で、なぜ発言するのでしょうか。莫邦富は皮肉に、「大学のアジア学講座を維持するために、あるいは入学者を集めるためにやっているのか」といっていますが、これは図星でしょう。彼らは大学のしかるべき講座に属しているからアジア問題を研究し、発言もしているのです。

私も大阪大学に在任中は容易にアジア問題を考え、発言していました。ことに国立大学の一員として私は、恐らく無自覚に日本という国を前提にしてものを考えていたのでしょう。実際、アジア問題といった国際問題を考えるときに、私たちは無自覚に日本という国家を前提にし、あるいは日本人として考えているのです。あの莫邦富の問いかけの答えとしてあるのは、「日本」あるいは「日本人」という私たちの発言のモチベーションです。日本という国を前提にして他のアジアの国々が考えられてくるのだし、日本人を前提にして中国人や韓国人など他国の人びとが考えられてくるのです。だから「日本」あるいは「日本人」というモチベーションを離れて、一市民として「アジア問題」を考えるということはとても難しいことです。

しかし一市民として私たちも考えないわけではないのです。たとえばスマトラ沖地震による甚大な被害の報に接したとき、人はアジアの一人の市民として、あるいは人間として心を痛めるでしょう。決して日本人としてではない。そのような一市民であることを、私は「アジア市民」とか「世界市民」と呼んでみたいと思っています。私は最近この「アジア市民」の立場から「歴史問題」を考え、「東アジア問題」を考える道筋を求めたいと思っております。

2　「靖国問題」は無くなったか

私はいま一市民の立場から、たとえば「アジア問題」は考えられるだろうかという問題を提起しました。それはこうした問題を考えるとき、自分が知らず知らず前提にしてしまっている立場を反省するためです。「アジア」について物をいうとき、いつのまにか日本国家を背負ってしまっている、そのあり方を反省するためです。それはまた一人の市民にとって「靖国問題」とは何かという、問題の原点をあらためて考えてみるためです。

「靖国問題」は昨年まで、小泉前首相による公約としての「靖国参拝」の強行と、それに対する隣国中国・韓国からの強い非難のなかにありました。「靖国問題」は、まさしく東アジアの国際問題としてあったのです。東アジアに国際的な緊張をもたらすような首相の靖国参拝の是非が、激しく議論されました。私もまたそれに一枚加わることになりました。小泉前首相の意固地なまでの参拝の繰り返しは、まったく愚行としかいいようのないものですが、「靖国」という問題があることを、しかも一国的問題としてばかりではなく、国際問題としてあることを国民に認知せしめる上では意味をもちました。だから高橋哲哉さんの『靖国問題』（ちくま新書）が二〇万部をこえる数で出版されもしたのです。だが小泉に代わった安倍現首相による

「靖国隠し」とそれを容認した中国政府の和解的外交政策とによって、「靖国」をめぐる問題はいま消えてしまったようです。少なくともいま「靖国」を国際問題化しようとする意図を中国側も日本側も、そして恐らく韓国側ももっていないように思われます。それでは「靖国問題」は無くなったのでしょうか。

日本のジャーナリズムはもともと状況追随的ですが、最近はその傾向をいっそう強くしています。たしかに問題としては、批判的言説に直ぐに「反日」のラベルを貼り付け、他方、「嫌韓」「嫌中」といった感情的言説を安易に展開させる俗悪ナショナリズムを許している、あるいはむしろそれを助長させている日本のジャーナリズムの質の悪さがあります。だがそれだけではなく、日本の出版社などがいま自主規制的に状況追随的になっているように私には思われるのです。実はこれが一番恐いことなのです。たとえば高橋さんの『靖国問題』を出した筑摩書房が、みずから大々的に宣伝した「靖国問題」に冷水を浴びせるように今度は『頭を冷やすための靖国論』（三土修平、ちくま新書）といった本を出しているのです。これは安倍と同様に出版社が「靖国隠し」をしようとすることです。ここにはいかに売るかという出版社の姿勢しか見えません。情けない話です。

安倍の「靖国隠し」というのは、それがさし当たって国益に適う外交戦略だからでしょう。安倍個人の「美しい日本」のための政治的信念、すなわち教育基本法を改正し、憲法を改正しようという政治的信念とは別の外交戦略であることを、私たちはすでに承知しています。ところで小泉前首相は自分の信念から靖国に参拝するのだといっていました。しかしその信念とは、自国の戦争犠牲者を追悼することは他国に干渉されない自立的国民の尊厳な行為であり、その尊厳性を自らの参拝を通じて実証しようという政治的信念でした。その信念を貫くことが日本国家のためであると彼は信じていたのです。だからこそ「靖国参拝」は彼の政治的公約でもあったのです。小泉は小泉なりに「靖国参拝」が真に日本国家のためになることだと考えていたのでしょう。

ただ私がこのようにいうのは、安倍の「靖国隠し」や小泉の「靖国参拝」の裏側を忖度して、彼らのやり方を弁護しようとしているのではありません。私がいいたいのは、日本の国益や国家の立場を前提にして安倍の「靖国隠し」がなされたり、小泉の「靖国参拝」がなされたりしているということです。だからA級戦犯分祀の問題も、「靖国」を国際問題化させずに、天皇や首相の参拝を可能にするための戦略であって、本質的には「靖国隠し」と同じだと私は考えています。もし私たちが自分の立場を、日本の国益とか国家の立場に同一化させていると、「靖国問題」は有ったり、無かったりしてしまうのです。日本の国益を前提にしたら、いま安倍の「靖国隠し」で東アジアの国際関係が穏やかなら敢えて「靖国」を問題化することはない、ということになってしまうでしょう。状況追随的なジャーナリズムと同様に、日本人はいまは頭を冷やす時になってしまうのです。

さきに一人の市民にとって「アジア」とは何か、あるいはそれをどう考えるかという問題を私は提起しましたが、ここで私は一人の市民にとって「靖国問題」とは何かを考えてみたいと思います。私たちにおける「靖国問題」の原点とは何かということです。ただそれが問われるのは、日本の一人一人の市民においてです。日本人の一人一人において「靖国」がいかなる問題としてあるのかをまず私たちは見きわめる必要があります。そして「靖国問題」の本当の解決はアジア市民という立場においてだということを申し上げようと思います。

3　市民における「靖国問題」の原点

私にとっての「靖国問題」とは、首相の「靖国参拝」が引き起こす憲法問題、すなわち「政教分離」原則をめぐる問題をいうのではありません。もちろん「政教分離」は、これから申しますように重要な国家原則であり、それをないがしろにする気は私には毛頭ありません。ただいわゆる「政教分離」問題とは、原点としての「靖国問題」から生起してくる法廷闘争が構成する問題です。しかしその「政教分離」の問題でさえ、日本の法廷で争点化することは難しいことはすでにご承知の通りです。日本の裁判官はこれについて個人的見解をのべても、これを憲法問題として審議しようという気はないようです。ただ「靖国問題」を「政教分離」の問題とだけにしてしまうと、これに抵触しない「靖国」であればいいのかということになりかねません。だからこそ「靖国問題」の原点を問う必要があるのです。

「靖国問題」とは、一九四五年にいたる日本が戦う国家として、国民を生きては兵士として戦争への従事を強い、死んでは護国の鬼神として靖国の祭神たることを強いた軍事的祭祀国家日本の問題であるのです。この国家のあり方をもっと正確にいえば天皇祭祀的な軍事国家ということです。天皇は最高の祭祀者としてありました。帝国憲法下にあって天皇は統帥大権と祭祀大権という憲法的制約を超えた大権をもっていました。天皇を最高の祭祀者とする国家のあり方は、帝国憲法の前提としての「国体」を成す理念であります。ですから天皇が伊勢に参拝し、靖国に参拝するというのは、日本の最高の祭祀者としてであって、決して天皇の私的行為ではないのです。ところで「生きては国家の干城《かんじょう》となり、死しては護国の鬼神となる」とは、戦前の日本でくりかえし説かれ、また国民が唱えさせられた言葉です。この言葉は、「靖国」というイデオロギーそのもの、まさしく「靖国問題」の原点を示すものです。すなわち日本帝国の国民は、生きている間も、死んでから後も戦う国家・日本帝国に奉仕せねばならない存在だったのです。帝国日本の国民たるものは、生きているときだけではない、死んでからも神霊として国家守護の務めをはたさねばならなかったのです。

これは考えてみればもの凄いことです。「教育勅語」を中心とした帝国日本の国民教育が、このことを、すなわち「生きては国家の干城《かんじょう》となり、死しては護国の鬼神となる」ことを国民一人一人の内面の自覚としてもたらしていったのです。靖国神社とは、軍事的な祭祀国家日本の最高の宗教施設として、国民に対する最高の思想的装置、教育的装置であったのです。

国民にとっての「靖国問題」の原点とは、国民が生きても死んでも戦う国家のための献身的奉仕者となることを強いられる、その点にあります。靖国神社とは、それを世界で希有なほどに最高の形で実現していった国家的宗教施設なのです。天皇や首相の参拝とは靖国神社のこのあり方を持続させようとすることです。

4 「祀る国家（祭祀国家）」の成立

ここで私が「祭祀的国家日本」という、その「祭祀」について考えてみたいと思います。ご存知のように帝国憲法は一方では国民に信教の自由を保障しながら、他方では「神社は宗教にあらず」として神社神道に国教としての位置を与えていきました。この憲法が市民の側に保障した「宗教」と区別された神社神道は「祭祀」体系として国家の宗教体系をなしていったのです。この「祭祀」という日本の国家的宗教体系を「国家神道」というのです。

ところがこの神社「祭祀」をいわゆる神社の「お祭り」と同一視し、日本人の伝統的な習俗であり民俗だとして、これを宗教と見ることを研究者を含む多くの人びとが否認しています。

帝国憲法の「政教分離」とは「祭教分離」すなわち「祭祀」と「宗教」の分離なのであって、神社祭祀が宗教とは異なる民族的習俗であれば、現在も「祭教分離」であるのだと神道学者はいったりします。しかし「祭祀」とは何でしょうか。これも宗教ではないのでしょうか。

「祭祀」を「宗教」から区別された概念として構成することは、実は帝国憲法の制定過程の宗教界を含む議論のなかでなされていったことです。非宗教的な「祭祀」概念の成立は、個々人の内面的な信教としての「宗教」概念の成立と同時的なことなのです。いまでも「宗教」というとキリスト教のような個々人の内面的な信仰に根ざした信教体系と考えていますが、こういう「宗教」概念は「祭祀」概念との区別を通じて成立するのです。そのような区別は昔からあったわけではないのです。明治中期になされたものです。この個々人の内面的な信仰からなる「宗教」概念は、宗教の共同体的意味、たとえば始祖的な神の祭祀を通して共同体的な統合と秩序とをもたらすという意味を排除して、個々人の内面的な信仰を根幹として再構成されたものです。それは西洋近代の宗教概念だといえます。この意味での「宗教」を信教の自由として個人の側に保障しながら、宗教の共同体的な意味を国家の側で吸収し、「祭祀」の体系として神社神道を国家的に再構成していったのです。こうして「戦う国家」は同時に「祀る国家」になったのです。

すでに私は『国家と祭祀』（青土社、二〇〇四）で説いたことですが、鬼神（祖霊）祭祀が共同体的統合にとってもつ重要な意味を指摘したのは江戸時代の古学派の儒者荻生徂徠（一六六六―一七二八）です。このとらえ方を国家的理念の上に実現していったのが後期水戸学の学者たち、ことに会沢正志斎（一七八一―一八六三）でした。こうした思想史的背景をもちながら、明治における天皇制国家の祭祀体系（国家神道）が成立するのです。だから私は靖国神社を戦う帝国日本の最高の宗教的祭祀施設だというのです。帝国日本の最高の祭祀施設である靖国神社は、帝国の臣民的統合を最高の形で果たす宗教施設であるのです。「戦う国家」が同時に「祀る国家」であることの象徴的な施設が靖国神社であるのです。

5 「戦わない国家＝祀らない国家」

一九四五年の敗戦とともに否定されたのは、「戦う国家」が同時に「祀る国家」であるような国家のあり方でした。占領軍が神道禁止令によって指示し、戦後国民も支持したのは、国民が生きている間も、死んでからも献身的奉仕を強いられた「戦う国家＝祀る国家」という国家理念の解体であったはずです。私たちはそれに代えて「戦わない国家＝祀らない国家」という国家理念を選び取ったのです。私たちのこの国家理念の選択は、アジア・太平洋戦争のアジア地域における残酷無惨な体験を前提にするものです。

「靖国問題」とは、この私たちが選び取った国家理念を修正しようとする政治的意思から生じる問題です。首相の靖国参拝が問題であるのは、それが「戦わない国家＝祀らない国家」という国家理念の修正という政治意思にかかわるからです。それは日本人の一人一人の生き方にかかわる問題なのです。親たちだけではない、あなたも国家のために戦い、死んでも護国の鬼神になる道をえらぶのか。「靖国問題」をいま私たちそれぞれの生き方の問題として考えねばならないと私は思っています。「靖国問題」の原点とは私たち一人一人の生き死にの問題なのです。

私は対内的ナショナリズムの極限的なテーゼは「国家のために死ぬこと」であると考えています。そして対外的なナショナリズムの極限のテーゼは「国家のために殺すこと」です。それは誇張だといわれるかもしれません。しかしナショナリズムに支えられた昭和の戦争の時代にあって、国民はまさしくこのテーゼの実行をみずからの意志とせざるをえなかったのではないでしょうか。その時、国家とは生きる目的であり、死ぬことができる理念であったのです。そうした国家理念を体現するものとして靖国神社は存在したのです。

私たちが「戦わない国家＝祀らない国家」という国家理念なり国家原則を選んだということは、「国家のために生き、国家のために死ぬ」ような国家理念を放棄して、私たち市民が「よく生き、そして死ぬことができる国家」の建設へと転換したことを意味するはずです。私たちが選んだのは「よく生き、よく死ぬことができるための国家」の立場です。これが転倒されて、国家のために生き死にすることであってはならないのです。いま安倍首相は「戦後レジームの修正」という言葉によってこの転倒を企てているのです。彼の「靖国隠し」によって「靖国問題」の原点を見失ってはなりません。「靖国問題」とは市民一人一人の生き死にかかわる問題だということを、いまこそ再確認することが必要です。

6 「アジア市民」の立場

最後に、私が最初にふれた「アジア市民」の立場と「靖国問題」についてのべておきたいと思います。首相の靖国参拝への中国や韓国の抗議に対して、自国の戦争犠牲者を自国の首相が追悼することの正当性がいわれました。しかしこの一国的な正当化をいうナショナリズムの論理は、靖国の祭神である戦死者の背後にある歴史の記憶の一国化の論理でもあるのです。アジア・太平洋戦争はその名の通り、アジア・太平洋地域に大きな被害をもたらした戦争です。この戦争は一国的範囲をはるかに超え出ています。その戦争の歴史を一国的に記述しようとするところから、東アジアの「歴史問題」が生じるのです。同様にこの戦争の一国的犠牲者（正確には一帝国的犠牲者）を祭神とした靖国に参拝し、そうした形で、戦争の記憶を一国化するところから東アジアの「靖国問題」が生じるのです。

一国首相による一国的戦争犠牲者を追悼することを正当だとするナショナリズムは、戦争の記憶を一国化するナショナリズムです。このナショナリズムに立つかぎり東アジアにおける「靖国問題」の真の解決はありません。ではこのナショナリズムに、私たちはどう対したらよいのでしょうか。私はこのナショナリズムに対しながら、「アジア市民」の立場を考えるのです。「アジア市民」とは、アジアの歴史、ことに二〇世紀アジアにおける戦争の歴史とその記憶の共有者をいうのです。「ナショナリズムを超える」ということは、言葉ほど簡単なことではありません。しかし私たちはアジアの歴史を共有する「アジア市民」になろうとする方向に向けて生きることはできます。それは戦争の記憶の一国化、戦争犠牲者の一国的な、しかも国家的な封じ込めを許さない生き方です。それはナショナリズムを超え出る生き方です。

この「アジア市民」という方向をもって生きることが、実はあの「靖国問題」の原点に立つ生き方でもあるのです。アジアの戦争の歴史とその記憶の共有者、すなわち「アジア市民」として生きようとすることは、己れの生と死をも国家に収斂させるナショナリズムを超えて、私たちそれぞれが「よく生き、よく死ぬことができるための国家」を作る立場に立つことでもあるのです。

「靖国隠し」がされている現在、あらためて「靖国問題」の原点とは何かを申し上げて本日の私の講演を終えます。

（第40回思想と信教の自由を守る静岡市民集会〈二〇〇七・二・一一〉）

七　ポスト阿片戦争として東アジアの近代を考える

1 「方法としての中国」

溝口雄三が『方法としての中国』[1]のタイトルをもった書を公刊したのは一九八九年六月である。八九年の六月四日といえば、いうまでもなく北京のあの事件によって世界が記憶する日である。その前年八八年の秋に、私はやがて起きる事件を予感しながら北京にいた。私はそこで日本思想史の講義の傍ら、『現代思想』に連載していた『「事件」としての徂徠学』[2]の一部の章を書いていた。私はこの書によって思想史の方法的転換を遂げていった。なぜここで私事にわたることをいうかといえば、八八年から九〇年にいたる世界史的な転換は、われわれにおける思想の転換でもあったからである。溝口も「十年の動乱」という文革後の改革開放の中国、すなわち政治主義から経済主義へと国家の主導原理を大きく転換させた中国を目の前にして、中国研究の戦後的視点の転換の意味をこめて『方法としての中国』を書いたようである[3]。竹内好の「方法としてのアジア」を十分に意識して溝口は「方法としての中国」をいった。溝口のこの提起を考える前に、竹内の「方法としてのアジア」について見ておきたい。竹内のこの提起は、国際基督教大学における連続講義「思想史の対象と方法」の一環としてなされた彼の講義の結語でいわれたものである。

「西欧的な優れた文化価値を、より大規模に実現するために西洋をもう一度東洋によって包みかえす、逆に西洋自身をこちらから変革する、文化的な巻き返し、あるいは価値の上の巻き返しで、東洋の力が西洋の生み出した普遍的な価値をより高めるために西洋を変革する、これが今の東対西という問題点になっている。……その巻き返す時に、自分の中に独自なものがなければならない。それは何かというと、おそらくそういうものが実体としてあるとは思わない。しかし方法としてはありうるのではないか。[4]」

「方法としてのアジア」とは、竹内によってこのように提示された。その言葉は、ヨーロッパと等置されるこの近代に何らか「実体としてのアジア」を構成して対峙するのとは異なる、アジアからこの近代を包みかえし、変革していく道を示唆するものであった。だが一九八九に溝口がいう「方法としての中国」とは、一九六〇年に竹内がいった「方法としてのアジア」における「方法」であったのか。

「中国を方法とするということは、世界を目的とするということである。思えば、これまでの――中国なき中国学はもはや論外として――中国「目的」的な中国学は、世界を方法として中国を見ようとするものであった。……世界が中国にとって方法であったのは、世界がヨーロッパでしかなかったということで、逆にいえば、だから世界は中国にとって方法たりえた。」

「中国を方法とする世界とは、中国を構成要素の一つとする、いいかえればヨーロッパをもその構成要素の一つとした多元的な世界である。」

これは溝口の『方法としての中国』から、それをタイトルとした章から引いたものである。溝口の文章は分かりにくい。その分かりにくい文章から、部分的に引いても、彼のいう「方法としての中国」が分かるわけはないが、しかし手がかりにはなるだろう。彼のいう「方法」とか「目的」というのは、認識における方法とか目的をいっているようである。ここでは中国学とか中国研究における中国認識のあり方が問われているのである。オリエンタリズムというヨーロッパからの中国認識、伝統的シナ学《シノロジー》を構成してきたような中国認識は、中国を目的として世界（ヨーロッパ・日本）を方法とした認識であり、これを溝口は「目的としての中国」的認識というのである。世界の革命図式によって中国革命を裁断するマルクス主義的中国認識をも溝口は「目的としての中国」認識に含める。それは中国をヨーロッパ一元的認識視角から見ることである。あるいはヨーロッパ近代の価値基準をもって中国を裁断することである。溝口はこれを「目的としての中国」認識というのである。では「方法としての中国」とは何か。それは独自的中国を方法として世界（ヨーロッパ）を認識することだと溝口はいう。ここでは独自的中国がまず確保されねばならない。中国は中国に即して認識されねばならない。すなわちヨーロッパ世界史の一元性に還元しえない独自的中国を認識することで、世界そのものの多元的構成を明らかにすることが「方法としての中国」という世界認識のあり方だと、溝口はいうのである。

これが私の読解する溝口の「方法としての中国」である。こう読解して気づくのは、これが昭和戦時期の京都学派高山岩男の『世界史の哲学』の焼き直しだということである。(5) ヨーロッパによる一元的世界支配を批判する高山が世界史の多元化を日本からいったことを、溝口は中国からいっているのである。このことは溝口の「方法としての中国」が「近代の超克」の戦後的言説としての性格をもつことを示している。この点についてはこの指摘にとどめて、いまは「方法としての中国」がポスト竹内的言説としてどのような意味をもつかを考えよう。溝口は竹内の「方法としてのアジア」を認識論的問題に限定するようにして「方法としての中国」という批判的視点を構成した。ここではヨーロッパが構成する世界史の普遍的基準にしたがってアジアの、ことに中国の歴史が裁断されることが問題であった。中国が近代であるか、ないかがヨーロッパ的価値基準によって決められることが問題であった。だから溝口において中国の歴史的独自性をヨーロッパ的世界史を相対化する形で発見することが課題となるのである。さらにいえばヨーロッパ的近代を相対化するものとして中国の独自的近代を見出すことが溝口の課題となるのである。こうして「方法としての中国」とは、即自的視点によって中国的近代を見出す「目的としての中国」の方法となってしまうのである。

2　「中国独自の近代」

一昨年（二〇〇六）愛知大学で開催された「竹内好・国際シンポジウム(6)」で溝口は「方法としての「中国独自の近代」―明末清初から辛亥革命へ、歴史の軌跡を辿る」という報告をしている。彼はそこで「中国独自の近代」の型を見出すことが、竹内の正しい継承だとしてこういっている。

「中国の近代は、西欧型および西欧追随の日本型とは異なるタイプの、いわば第三の近代と言うべき固有の型をもつものである、というのが竹内の一貫した主張でした。それは西欧型をそのまま模倣した日本型とは異なり、中国民族の固有の文化に根ざすものである、と彼は考えます。(7)」

溝口はこれを竹内のものとしていうが、しかしこれは竹内のものではない。溝口に継承され、再構成された竹内である。竹内はヨーロッパとアジアという二〇世紀がもった政治から文化、そしてわれわれの思考を貫く「近代」の関係性のなかでアジアを考えるのであって、ヨーロッパへの対抗として実体的にアジアを考えようとするのではない。だが竹内における支配するヨーロッパ近代（＝日本・外発型）に対する抵抗するアジア（＝中国・内発型）という日本近代批判の言説上の図式は、彼自身の関係論的思考を越えて、「アジア的近代」あるいは「中国的近代」という実体化を導きかねないものであった。まさしく溝口は竹内によって「中国独自の近代」を構想し、記述してしまうのである。阿片戦争をもって中国の近代化過程の始まりを考える通説に反対しながら、溝口はこういっている。やや長いが溝口の「近代」の実体化的思考を端的に示すものとして、あえてここに引いておきたい。

「つまり、阿片戦争を近代の始まりとするコース以前に、一六から一七世紀の明末清初期に、中国には中国独自の歴史の展開が認められる、と言いたいのです。しかも、その展開はそれが受け取るにふさわしい注目を受け取っていないと思われます。比喩的に言えば、王朝制の歴史は太い樹木の幹であり、一六から一七世紀に見られる変化がその幹の深部に発する変化であるのに対し、阿片戦争以後の変化は、見た目には騒然としているが実は変化は表層の一部にだけ見られるもの、と言うことができます。であるのに、後世に阿片戦争が注目を集めたのは、それが植民地化の危機を孕んでいて、知識人の救国の叫び声が異常に高かったためであって、実際は一六から一七世紀の変化のほうが波及範囲は広かった、と見ていいでしょう。竹内に従って言えば、阿片戦争以後の変化が外発的であるのに対し、明末清初のそれは内発的ということになりましょう。」(8)

竹内も阿片戦争をもって中国における近代への時期を画する見方に反対し、五・四運動を中国の近代への転回点とする見方を主張する。溝口も引く竹内の主張とは、「「五・四」は、広汎な社会革命でもあると同時に、精神革命でもあった。……つまり、近代への転回点であった。……中国に近代を強制したのはヨーロッパであるが、その強制を、はねかえすことによって、中国は、逆に近代を自分のものとして発足した。ここに、日本の中国との近代化の方向の決定的な差があり、同時に、日本人が中国を理解しえなかった原因がある(9)」というものである。ここで竹内が阿片戦争にではなく五・四運動に歴史の画期を見るのは、ヨーロッパ的日本（帝国主義的日本）に抵抗する中国の民族的エネルギーの最初の表出に自立的近代形成への大きな始まりの一歩を見るからである。この抵抗する中国の民族主義を離れて竹内は中国の近代化を、日本のそれに対峙させて語ることは決してない。ましてや「中国の独自的近代」を明末清初の一六、七世紀の中国社会に求めたりなどはしない。こうした溝口における「中国の独自的近代」といった実体化は、竹内の「方法としてのアジア」を認識論的に限定し、あるいは歪曲した「方法としての中国」という認識視角がもたらした結果である。

一九四八年に竹内は人民中国成立への胎動を聞きながら、「東洋は抵抗を持続することによって、ヨーロッパ的なものに媒介されながら、それを越えた非ヨーロッパ的なものを生み出しつつあるように見える[10]」と書いた。これは未来への希望の言葉である。それから六〇年後の二〇〇七年に溝口は中華人民共和国の厳然たる世界的存立を背にして、「中国の独自的近代こそ歴史の実像であり、「その実像を明かしたとき、西洋回路の近代枠組みは無効になります[11]」と語るのである。だがこれはいったい何を語る言葉なのか。これはすでに十分に大国である中国の独自的存立を、さらに歴史にさかのぼって再確認することを求めているのか。それによってヨーロッパ的近代の枠組みの何が無効になるというのか。せいぜい既成世界は自らの枠組みを修正しながら、中国への対応に迫られるだけだろう。二一世紀的世界の現状は、まさしくその通りではないか。

3　一八四〇年と東アジアの画期

江戸に日本の固有近代の成立を見ようとするのは、日本史家の尾藤正英である。この主張を支持するものは少なくない。一般に江戸を「近世」とし、明治を「近代」として、「近世」と「近代」と二つの時代があるとするが、尾藤は「前者は、日本史の固有の発展の中から生まれた、いわば日本的な「近代」を指し、それに対し、明治維新以後の「西洋化」された「近代」を指すのが、後者である」という。[12]江戸に日本固有近代の成立をとらえる見方は、日本の独自の歴史展開による時代区分に立つものである。この見方を支配するのは何より歴史の固有性への志向であり、国家社会の連続性への志向である。だから尾藤は明治維新に断絶よりも連続性を見ようとするのである。すなわち日本的とされる国家・社会意識の江戸から明治への連続性を見ようとする。「連続性があったからこそ、明治維新はあのように順調に変革を成し遂げることができて、その後の日本は大きな混乱なしに現在まで至っていると考えることが可能です」と尾藤はいうのである。この日本的近代をいう尾藤の歴史認識と、中国的近代をいう溝口の歴史認識は多くの共通点をもっている。両者とも日本と中国のそれぞれの固有性と、近世から近代への国家・社会意識や社会構造の連続性を見ようとするのである。

こうした固有的近代をいう歴史認識は、ヨーロッパ的近代への対抗という以上の意味をもつのだろうか。それはナショナリズムを満足させるだけではないのか。だからたとえば西尾幹二は『国民の歴史』でこうした固有主義的歴史認識によって「日本一国文明史」を構成してしまうのである。(13) 私は固有近代の主張は、世界史に対して一国的独自史を主張する一種の歴史修正主義だとみている。

日本・中国の固有近代をいう歴史認識がもつ問題は、一八四〇年の阿片戦争をもって東アジアの近代への歴史的画期とする見方との対比を通じていっそう明らかにされるだろう。阿片戦争(一八四〇－四二)と南京条約の締結とは、中国を余儀なく、外的強制によって近代世界史の中に組み入れていった。「欧米列強との不平等条約という関係を通じて、中国は、近代世界の構造の一環に組み込まれたのである。半封建的かつ半植民地的といわれる中国の近代史は、こうしてはじまった」(14) と中国現代史は記している。ここで「近代世界」「近代史」というのは、ヨーロッパ的・ヨーロッパ中心的近代世界であり、近代史である。一九世紀中期世界の覇権国家はイギリスであった。阿片戦争を通じて中国が組み入れられたのはこのヨーロッパ的近代世界である。しかしその世界に組み入れられたのは中国だけではない。東アジアが組み入れられたというべきだろう。阿片戦争の動向を注視していたのは、日本の長州藩の改革派の武士たちであった。その日本がアメリカとの間に日米修好通商条約という不平等条約を結んだのは一八五八年である。この近代世界への組み入れとは、ヨーロッパ列強の軍事力をもってする開港と通商要求に服する形で、近代世界の国際的な政治的・経済的システムに組み入れられることを意味した。この近代世界への組み入れは国内システムの変更をともなうものであった。その変更過程は、自主的変革を早く遂げた日本を例外として、東アジアにとっては従属化・植民地化をともなった苦難の過程であった。ともあれこの東アジアの組み入れをもってヨーロッパ的近代世界秩序とその歴史は、「世界秩序」あるいは「世界史」として成立するのである。一九三〇―四〇年、第一次世界大戦後の帝国日本によってこの「世界秩序」と「世界史」の組み直しと書き直しの要求がなされていくが、その要求は日本の敗戦をもって挫折する。一八四〇年から一九九〇年にいたる東アジアとは、基本的にこの「世界秩序」と「世界史」における東アジアである。一八四〇年とはそのような意味での歴史的画期である。

ところで一八四〇年というヨーロッパ的近代世界への編入の時期をもって東アジア近代への画期とすることは、アジアの時代区分を他律的に規定することだという非難があるかもしれない。だがそうした非難を予想しながらもあえて私が一八四〇年を画期とする東アジアの近代をいおうとするのは、東アジアにおけるそれ以降の学問や思想を含む展開を、あくまで世界史的連関で見ようとするためである。一八四〇年以降の東アジアのヨーロッパ的近代世界への編入過程は、東アジアの近代化《モダニゼーション》の過程である。しかしそれはヨーロッパ近代の平穏な受容の過程ではない。東アジアにとっては植民地化の脅威と植民地的現実化の過程をも経ながら、反発と抵抗と抗戦とを通じてそれぞれに民族主体を形成し、近代を国家・社会システムばかりではなく、その価値理念とともに自らのものにしていった自立的近代化の過程である。もちろんその過程は、遅いのもあり、速いのもあり一様ではない。近代化が、直ちにポスト近代というべきグローバル資本主義的現代の変化に接合せざるをえないのがアジアにおける現状であるだろう。

東アジアの近代化をこのように見ることは、東アジア近代をヨーロッパ的近代への対抗として、その独自性を主張するためではない。むしろ東アジア近代をヨーロッパ的近代のアジア的再領有化として明らかにするためである。ここでアジア的とは何かを特定する必要はない。竹内にとってアジアとは実体概念ではなく、方法概念であった。ヨーロッパをアジアから包み返す自立的主体なり運動を指して竹内は「方法としてのアジア」といったのである[15]。竹内にしたがえば、ヨーロッパを包み返すところにアジアがあるのである。私はそれを単なるヨーロッパ化と区別して、アジアによるヨーロッパの再領有化というのである。こう見ることによって、天皇制国家の形成による日本の近代化も、抗日戦争と社会主義革命とを経た中国の近代化も、植民地的従属から自立的近代を遂げていった韓国の近代化も、世界史的脈絡のなかで、それぞれの特性と問題とともに明らかにされるだろう。さらにいえば東アジア近代をこのようにとらえることによって、グローバル資本主義に浸潤されている東アジアの現状に対してともに立ち向かうことを可能にするだろう。

4　アジアによる再領有化と儒学

私はここでヨーロッパ的近代の再領有化として東アジア近代を儒学を例にして考えてみたい。もちろんここでは日本を視点としてアウトラインを画くにとどまる。いま東アジア近代との関連で考えねばならない儒学とは朱子学（宋学・理学）である。私は東アジアを儒教文化圏というように一般的に総括する仕方をとらない。儒教文化圏とは、統一東亜を要請する東亜イデオロギーとでもいうべき観念的構成物である。私は朱子学を単なる儒学体系として考えていない。それは宇宙観を含む世界認識を漢字言語化していった言語的認識体系である。これを可能にしたのは理気論的概念構成と体用二元論的思惟方法である。

この朱子学をもって儒教は哲学思想体系としての儒学となるのである。日本においても儒教の倫理学的再構成を始めとして、人間観、世界観の形成や天文・地理・歴史という世界認識とその記述を可能にしたのは江戸時代における朱子学の一般化である。江戸以前、朱子学は禅儒一致的に五山という禅宗系寺院の内部でもっぱら学ばれていたのである。江戸時代に朱子学は、古学派の批判もあってその形而上学的性格を失い、だれもが接近し、受容できる公共的な一般的知識体系を構成していく。こうした朱子学の変容をもっともよく示しているのが貝原益軒（一六三〇－一七一四）である。また朱子学批判を通して儒教を道徳哲学的反省に立った倫理学《エティカ》として再構成していったのが伊藤仁斎（一六二七－一七〇五）であり、社会的制作の視点に立つ政治学《ポリティカ》として再構成していったのが荻生徂徠（一六六六－一七二八）である。

私が江戸の儒学・朱子学をこのように概観するのは、明治におけるヨーロッパ近代の学問・知識の受容はこの儒学・朱子学を介しての再領有化だとみているからである。一般に明治の文明開化は儒教を封建道徳として一掃したとみなしている。儒教＝封建道徳を「親の仇《かたき》」として敵視し、排斥した福沢文明論の立場を明治の多くの人びとが共有した。儒教はその周辺から姿を消したと人びとは思い込んだ。そして現代にいたるまで日本のこの近代が、アジアでもっとも速く達成した日本のヨーロッパ的近代が、儒学・朱子学を介しての再領有化であると認識するものはほとんどいない。

まずわれわれの使用している言語からいおう。われわれが現在使用しているほとんどの漢語語彙の背後に欧米語をもっている。これらは基本的に翻訳語であるか、翻訳可能な語彙である。こうした漢語は近代漢語とよばれる近代的語彙である。その学術用語を含む主要なものは、まさしくポスト阿片戦争の中国と日本で生み出されていったのである。『聖書』の翻訳とか『英華・華英辞典』の編纂は近代漢語の創出作業であった。日本では西周や加藤弘之、福沢諭吉といった明治啓蒙派の人びとによってこの作業はなされていった。哲学的学術用語の翻訳（創出）は井上哲次郎らによってなされていった。ところでヨーロッパの世界認識に立つ知識の体系を構成している語彙の東アジアへの翻訳転移は、こちらに朱子学的世界認識とその言語・知識の体系がなかったならば不可能であろう。われわれは朱子学的知識と言語を介してヨーロッパ的知識を受け入れたのである。それは哲理・真理・倫理・法理・物理・心理・病理といった近代漢語を見れば明らかであろう。朱子学的統一性を解体しながら、しかし朱子学的漢語をもって近代語彙が成立する過程は、西周の『百一新論』がよく示している。エシックスの訳語としての倫理学から、東アジアには特異な倫理学《エシックス》が成立することになるのである。東アジアの近代とは、近代漢語の創出によるヨーロッパ近代の再領有の過程として見ることができる。

ところで漢字とは中国における帝国的支配の言語的用具としての性格をもっている。中国の方言を含む多様な異言語的世界は、漢字とその文化によってはじめて一元的に帝国に統合されたのである。このことは中国の周辺諸国に及び、朝鮮も日本も琉球も越南も漢字文化圏として中華帝国的世界に包摂されるか、中心に対する周縁地域を成してきたのである。この東アジアの中華帝国的世界に解体的危機をもたらしたのが阿片戦争である。阿片戦争はヨーロッパ的文明とその言語の受容を東アジアに迫ったのである。大量の近代漢語の創出によって、このヨーロッパ的近代の受容に成功したのが明治日本である。日本はこの近代漢語によってヨーロッパ近代を己れのものにしたのである。漢字は近代漢語として今度は日本帝国に領有されるのである。朝鮮の植民地的近代は、言語的にいえば日本帝国の近代漢語による近代化である。したがって朝鮮の自立的近代は、こうした日本漢語をハングルの向こうへ追放する。一九四五年の日本帝国の挫折は、漢字文化圏としての東アジアが崩壊したことを意味している。

儒学が東アジア近代にとって何であったかを、私は朱子学的言語と近代漢語とをめぐって見てきた。私はまた明治の天皇制国家と臣民的国民の創出に儒学が果たした大きな役割をも見ている。日本は近代ヨーロッパの国民国家の理念を、儒学（徂徠学・水戸学）を介して天皇制的祭祀国家と臣民として領有化していったと考えている。このことについて私はすでに『国家と祭祀』（青土社、二〇〇四）で言及した。ともあれヨーロッパ近代のアジアによる再領有化としての近代化（現代化）過程として東アジアの現在を見ることによって、儒学という伝統思想の意味もはじめて問い直されることになるのである。

〈注〉

（1）溝口雄三『方法としての中国』東京大学出版会、一九八九。著者はこの書の「あとがき」に一九八九年四月二二日という日付を記している。それは天安門事件の以前である。

（2）『「事件」としての徂徠学』青土社、一九九〇。この書を構成する諸章は、八八年四月からほぼ隔月に

『現代思想』に一〇回にわたって連載された。

（3）ここで「書いたようである」と曖昧ないい方をしているのは、「方法としての中国」とはマルクス主義的なヨーロッパ中心的世界史観からの転換を意味するだけで、それ以上のものではないからである。

（4）「方法としてのアジア」『思想史の方法と対象——日本と西欧』所収、武田清子編、創文社、一九六一。引用文中の傍点は子安。なお竹内の講義は一九六〇年になされたものとみなされる。

（5）高山の『世界史の哲学』（岩波書店、一九四二）については、私の『「アジア」はどう語られてきたか』（藤原書店、二〇〇三）の第一章「「世界史」とアジアと日本」を参照されたい。

（6）このシンポの報告集は『無根のナショナリズム——竹内好を再考する』として二〇〇七年に日本評論社から刊行されている。

（7）溝口雄三「方法としての「中国独自の近代」——明末清初から辛亥革命へ、歴史の軌跡を辿る」、上掲『無根のナショナリズム——竹内好を再考する』所収。

（8）引用文中の傍点は子安。

（9）この竹内の文章は「胡適とデューイ」（竹内好評論集・第三巻『日本とアジア』所収）中のものである。引用の抄出も溝口にしたがっている。

（10）これは竹内が「中国の近代と日本の近代」（一九四八・一一）でいう言葉である。『日本とアジア』所収。

（11）溝口・前掲「方法としての「中国独自の近代」——明末清初から辛亥革命へ、歴史の軌跡を辿る」。

（12）尾藤正英『江戸時代とはなにか——日本史上の近世と近代』岩波書店、一九九二。

（13）私の「「日本一国文明史」の夢想」（前掲『「アジア」はどう語られてきたか』所収）を参照されたい。

（14）今井・久保田・田中・野沢『中国現代史』（世界現代史3）山川出版社、一九八四。

（15）竹内の「方法としてのアジア」については、私の「アジアによる近代の超克とは何か——「方法としてのアジア」をめぐって」（『現代思想』〇八年三月号）を参照されたい。

（東アジア近代学問思想史研究会・報告〈二〇〇八・二・一一〉）

八　歴史の共有体としての東アジア
――東アジア共同体をめぐって

1　「靖国問題」とは

東アジア世界における私たちの連帯や共生への道を考えようとするとき、そこにトゲのように刺さっている日本の「靖国問題」を避けて通ることはできません。この問題が、他の「歴史教科書問題」や「領土問題」とともに東アジアにおける日本の過去についての歴史認識にかかわる問題であることに間違いはありません。だが「靖国」が東アジアの国際間の問題であり続けるのは、日本がこれを歴史問題としていないからです。すなわち日本首相による靖国参拝をあくまで一国内的問題、あるいは一国的主権の問題として、アジアの歴史認識にかかわる問題としていないからです。このことは「領土問題」について、いっそうはっきりいえることです。日本のナショナリズムが首相の靖国参拝を支え、この日本首相によってくり返される反歴史的行為が韓国や中国からの強い反撥を招き、さらに相互のナショナリズムを刺激し合い、東アジアにとって不幸な緊張を生み出すことになっているのです。

したがっていま生起している「靖国問題」を私は、東アジアの諸国・諸地域の住民にことに大きな被害をもたらすものとしてあった日本帝国の戦争という歴史的事実と、現在の日本の一国主義としてのナショナリズムとの交錯が生み出している問題としてとらえようと思います。ここで私は「一国主義としてのナショナリズム」といういい方をしました。ナショナリズムとはそもそも一国主義であることからすれば、これは奇妙な同語反復的ないい方です。それをあえて同語反復的に一国主義という形容句を私がなぜ付け加えるかといえば、日本だけではない、アジア全体の国々と住民にとって重大な歴史的体験であった戦争を日本一国化するナショナリズムが、国際間に作り出してくるのが「靖国問題」であることをはっきりさせるためです。

戦後日本の首相による靖国参拝は吉田茂によって復活されてから、中曽根康弘にいたるまでくり返されてきました。参拝しなかった首相の方がむしろ例外なのです[1]。しかし小泉純一郎首相による靖国参拝ははっきりとした政治的意思に基づいています。彼は一回だけで挫折した中曽根首相による靖国のいわゆる「公式参拝[2]」を復活させることを宣言していました[3]。彼にとって靖国参拝とは郵政民営化と同様な「改革」という政治公約であったのです。彼における「改革」が旧来の自民党的体質をぶちこわすことであったように、彼における靖国参拝とは旧来のあいまいさをぶちこわすものとしてあったのです。戦後日本の国家運営は基本的に対外的／対内的といったダブル・スタンダードの使いわけとしてなされてきたといえます。従来の日本首相の靖国参拝もこのダブル・スタンダードの使いわけのなかにありました。小泉首相はこれを止めようとしたのです。彼の靖国参拝にあるのは一国首相の論理だけです。そこには対外的配慮は存在しません。

中国や韓国による日本首相の靖国参拝に対する抗議は、日本帝国が遂行した戦争によって蹂躙されたものからする抗議です。それは二〇世紀アジアにおける帝国日本とは何であったのかという歴史認識に深くかかわることです。中国や韓国にとって「靖国問題」とは何より歴史問題です。だがその抗議にもかかわらず参拝をくり返す小泉首相は、歴史に対する反省と、一国の戦争犠牲者に一国の首相が礼拝するかしないかは別個の問題だとしているのです。日本の英霊を祀る靖国神社に日本首相が参拝することは、主権国家日本を代表するものの正当な行為だとしているのです。小泉において一国首相の論理、まさしく一国的なナショナリズムの論理が歴史認識に優越しているのです。

アジアの隣国への配慮を抑えて優越する日本の一国的なナショナリズムが、二〇〇六年のアジアに「靖国問題」を生起させているのです。これが戦後六〇年といわれる東アジアの現在なのです。私たちは東アジアをめぐる問題をここから、まさに緊張をはらんだ現在から考えていかなければなりません。ここから考えない東アジア共同体とは絵空事に過ぎません。

2　歴史の一国化

首相による靖国参拝行為を、首相とともに日本で支持しているのは、私があえて同語反復的にいう一国的なナショナリズムです。一国の戦争犠牲者を一国の首相が参拝することはまったく正当だという主張を支えているのが、私のいう一国的なナショナリズムです。この「靖国問題」に見る一国主義の立場とは、アジアにおける戦争の記憶の一国民化であり、その戦争の歴史の一国化だということができます。靖国神社とは戦争とその犠牲者を戦争遂行国であった日本の一国的立場から規定し、一国的に選別された軍事的犠牲者（戦死者）だけを護国の英霊として祀る施設なのです。(4) その靖国神社に一国の首相が参拝することを正当だとすることは、アジアの戦争の歴史と記憶との一国化を正当とすることとです。「靖国問題」が本質的に歴史問題だというのはこの点にあります。すなわち日本首相の靖国参拝がアジアの戦争の歴史と記憶とを不当に一国化するからです。それは歴史の本質的な歪曲です。

一国における民族《ネイション》概念は歴史や記憶の人びとおける共有化を通じていっそう強固に形成されます。日露戦争は、その勝利の体験として日本人に共有され、日本帝国の栄光ある民族を作り出していきました。だから靖国神社の戦争博物館（遊就館《ゆうしゅうかん》）は、この勝利の体験を今になお伝えようとしているのです。だがその日露戦争が韓国の併合をもたらした戦争であると記憶する日本人はいません。日露戦争は日本の歴史家においてもそのように認識されてはいません。歴史と記憶の一国化とはそういうことです。「靖国問題」とは二一世紀の日本の現在における、二〇世紀の戦争の歴史と記憶の一国化の問題なのです。

戦争とは本質的に国家間の戦争であり、他の国家民族と軍事的にかかわることです。そして総力戦の性格をもち、最終的に原爆の使用にいたった第二次世界大戦は戦争被害の規模を、戦争法を無化する形で拡大させました。アジアの無数の無辜の民の犠牲がともなわれたのが、太平洋戦争であったのです。したがって日本首相の靖国参拝における戦争とその記憶の一国化の主張とは、歴史の暴力的な、反倫理的な書き換えというべきものです。小泉首相が参拝する靖国に祀られている祭神とは、日本の戦争を指導し、遂行した戦犯を含む軍人たちと、その戦争に余儀なく従事し、命を落とした兵士たちです。その中には私の兄もいます。だがその兵士たちは生きては国家の命によって従軍し、死んでは国家の指示で靖国に祀られたのです。そしてその靖国からは、一般市民の犠牲者は排除されているし、無数のアジアの犠牲者たちももちろんそこから排除されています。したがって日本首相の靖国参拝を正当とする日本のナショナリズムは、戦争の記憶を一国化することで、アジアの人びとの心を深く傷つけ、日本との大きな亀裂をアジアに刻していくことになるのです。亀裂は日本とアジアの隣国との間に生じるだけではありません。日本国内に住む人びとの間にも生じるのです。

3　東アジア・歴史の共有体

戦争の歴史や記憶を日本一国化することとは何であり、いかなる結果をもたらすことなのか、あらためて考えてみる必要があります。「靖国」という一国化とは、日本の英霊たちの背後にアジアにおける無数の無辜の民たちの死があることを日本人が見ないことだし、日本人に見えなくさせることです。だから小泉首相はアジアの隣国の抗議に耳を傾けることなく靖国に参拝するのです。戦争とは、すでにいうように一国的行為ではありません。多国間の広い地域にわたる加害と被害、支配と従属、殺すものと殺されるものの関係をもちながら遂行されていく暴力的事態です。この関係は戦争の局面によって一変することがあり、戦争当事国の内部にもこの関係は生じます。しかしいわゆる「十五年戦争(5)」というアジアの戦争によって見れば、基本的に前者の側に日本帝国があったことに間違いはありません。アジアの戦争とはそのようなものであったとすると、その戦争の歴史を日本が一国化するとは、歴史を前者の側に単一化することを意味します。この歴史の単一化とは、日本帝国の歴史との同一化でしかありません。したがって靖国参拝を支える日本ナショナリズムとは、帝国日本のナショナリズムの再生でしかないことになります。このことはわざわざ回りくどく辿らなくても明白であるかもしれません。しかし二一世紀のいま一国主義的なナショナリズムを主張することが、いかに反歴史的であるかを明らかにするためにこの迂路を辿ることは必要です。靖国参拝を一国的立場から正当だとすることは、アジアの戦争の記憶を日本一国化することです。その一国化とは帝国日本の歴史と同一化することでしかありません。それは反歴史的なことです。アジアの戦争は、その歴史も記憶も一国化されてはならない、あるいは一国化できないものとしてあるのです。それはアジアの人びとによって共有されるべきものとしてあるのです。

「東亜」とは決して地図上にその実体が存在する地域ではありません。それは中華文明圏をマージナルな視点から、たとえば日本からとらえ直すことで成立する地域概念です。そしてその東亜は、「東亜新秩序」とか「東亜協同体」、さらには「大東亜共栄圏」という日本帝国の構成する政治的地域概念として歴史の上に刻印されていきました。(6)「東アジア」はそれゆえ、この日本帝国と不可分な「東亜」の死の上に生まれ直されなければなりません。そして東アジアに深い傷跡を残した十五年戦争の歴史は、その記憶の共有こそが東アジア人民の共生する未来を開く道であることを教えております。私たちがいま「東アジア共同体」をいいうるとすれば、この歴史の共有体としてです。

4　アジア市民

私は四年前に大学という常勤的な職場からまったく離れ、一人の年金生活者となりました。

それまで私は一人の市民である前に大学教授でありました。しかも国立大学が私の主たる勤務先でありました。その大学という職場から離れて私は、はじめて自分が一人の市民であるという意識をもつようになりました。そのときから私は一人の市民として物を考えようと努めるようになりました。しかしそのことは言葉でいうほど簡単なことではありません。たとえばアジア問題を市民として考えるとはどういうことなのか、それは果たしてできることなのか。それは簡単に答えられることではありません。

ちょうどその頃、アジア問題をめぐるある出版物の座談会(7)で在日の中国人ジャーナリスト莫《モー》邦富《バンフ》が興味ある発言をしていることに気づきました。彼は他の日本人の座談会出席者たちに、「いまあなた方がしているアジア学の動機は何なのか」と質問していたのです。彼は日本でアジア問題について研究し、また発言する人びとの動機を問うたのです。この質問は他の座談会出席者のまったく予想しないものでした。莫はその問いを投げかけながら、「日本でアジア学を立ち上げられなくても、困るのは学者だけかもしれない。大学でアジア学を教えている先生たちが、予算が組めない、学生が応募してこないという可能性が十分ありますからね」とみずから皮肉まじりに答えていました。この発言は、アジア学などと称して、アジア問題を研究し、発言している日本の学者・研究者たちの急所を衝いています。日本の大学や研究所のしかるべき組織に所属している彼らは、ほとんど無自覚にアジア問題に発言しているのです。

ただ私はこの座談会記録を読んで、莫の質問は自分にも向けられていると思いました。大学という常勤的職場を退いて一年金生活者になったとき、たとえばアジア問題は私にはとても考えにくいものになりました。そのことは逆に、私が現役の大学教授であったとき、アジアはそれほど考えにくい問題ではなかったということを意味します。事実、東アジア問題をめぐる最初の私の国外での発言は二〇〇二年に成均館大学校でなされたものです(8)。もちろんアジア問題自体、発言しようとするものにとって易しいものではありません。しかしその当時、問題の難しさは、発言する私の立場から来るものではありませんでした。私はその当時、国立大学の教授であることを自分の思考の無自覚的な前提にして物を考えていたように思います。アジア学を担当しているかどうかにかかわりなく、私は日本の大学組織にあるものとして、アジア問題を当然考えるべきこととして考えていたのではないでしょうか。さらにいえば私は無自覚に日本という国家とそれとの連なりを前提にして、アジアを私の言説上にのぼせていたといえます。アジア問題を考えるとき、人びとは無自覚に日本から、そして日本人としてアジアを考えているのです。一人の市民としてアジアを考えることは、普通はしないのです。市民として考えるのは、せいぜいバカンスの旅行の行き先としてではないでしょうか。莫のあの質問は、「アジアを考えるのはいったいだれか」、あるいは「一人の市民としてアジアは考えられるのか」という、根底的ともいえる問題を私に投げかけたのです。

一人の市民としてアジアは考えられるのか、という問題に答えるための手がかりを私がえたのは、やはり「靖国問題」に正面することによってです。私は「靖国問題」を、すでにのべましたように、アジアの戦争という歴史と記憶とを日本が一国化しようとすることから生起する問題だと考えました。歴史を一国化しようとする反歴史的なナショナリズムが、東アジアに大きな亀裂をもたらしているのです。アジアの戦争とは、その歴史も記憶も一国化されてはならない、あるいは一国化できないものとしてあるのだと私はいいました。その歴史も記憶もアジアの人びとによって共有されねばならないものとしてあるのです。たしかに現実の「靖国問題」はアジアに亀裂をもたらすものとしてあります。しかしその亀裂の間《はざま》から、私たちは歴史の共有体としての東アジアを見出すのではないでしょうか。東アジアの歴史を一国化するナショナリズムが反歴史的とすれば、東アジアの歴史を共有することは正しく歴史的なことです。反歴史的なナショナリズムが、正しく歴史的な、歴史の共有体としての東アジアを気づかせるのです。これは歴史の逆説です。

東アジアの戦争の記憶を「靖国」として一国化することに抗議する日本の一市民として私は、その抗議を通じて東アジアの人びととの歴史の共有を願うものとして、東アジアの歴史共有体の一員となるのです。この歴史共有体を構成する一員を私は東アジア市民と呼ぶのです。

5　運動としての「東アジア共同体」

《東アジア共同体》は、すでに歴史的な日程に上ったかのように論じられています。経済統合を経て、政治統合の過程で一休みしているEUを地球の向こう側に見ながら、《東アジア共同体》は現実味をもったトピックスになりつつあるようです。だが私がここでいう運動としての「東アジア共同体」とは、この新聞紙上の話題をなす《東アジア共同体》をいうのではありません。この《東アジア共同体》は経済的要請に促され、また国家利益に強くかかわりながら実現されたり、実現されなかったりするでしょう。この《東アジア共同体》とは、東アジアの市民とは本質的にかかわりない、それぞれの国家利益に立った東アジア地域国家間の連合体だと私は考えます。だが私がここでいう東アジア共同体とは、東アジアの歴史を共有する市民たちによる共生のための運動体をいうのです。それは実現されたり、されなかったりするものではありません。東アジアの歴史を共有しながら、東アジアにおける共生を願う市民たちの運動体が、あるいは運動そのものが東アジア共同体です。それは通貨の統合といった物質的な形をもった共同体ではありません。むしろ二〇世紀の東アジアの歴史に応える市民たちの運動そのものが共同体というべきものです。

私は先頃、日本の歴史家上原専祿（一八九九－一九七五）が遺した『死者・生者』(9)という書を深い感銘をもって読みました。これは歴史家上原が、妻利子《とし こ》の死に際して、死者回向の意味を問いつめながら書いた文章からなるものです。上原は現代日本の医療制度のなかで妻利子は死に追いやられた、あるいは殺されたのだと認識しました。死者に向かって回向する上原は、やがて自分を死者の思いを言葉にして伝えるべき存在として自覚するにいたります。「被殺者」である亡妻の代理者としてその声を現在の日本社会に伝えようとしたとき上原は、亡妻の声とともに無数の「被殺者」の声を聞くのです。「殺されていった人間というものは、もとより家内一人だけじゃなく、少なくとも今日の日本社会においては、自然死を死んでいった人間、死んでゆける人間などは存在しないのであって、ことごとくが殺されていくのではあるまいか、という疑惑が起ってきます」と上原は書いている。「被殺者」としての妻利子の声を、その後ろに数知れぬ殺されたものの声をもったものとして聞き取った上原の告発は、現代日本という歴史的な場における告発となるのです。死者と共存し、死者と共生しようとする遺された生者・上原による現代社会に向けての告発は、死者との共闘であるでしょう。歴史家上原がその書の序に記している次の言葉は、「生者エゴイズム」が支配し、生者の論理にのみしたがって戦死者をも利用する現代社会にあって私たちは、いく度となく読み返すべきものです。

「成心を去り、思いを柔軟にして、歴史と社会の現実を凝視すると、歴史と社会は、いずれの時代においても、また、いずれの地域においても、つねに「死者」と「生者」との共存・共生・共闘の時間的・空間的構造として存在したし、存在しているし、そしておそらくは今後も存在するだろうことを、あるいは発見し、あるいは洞察しうるのではあるまいか。」

東アジアの歴史の共有体としての「東アジア共同体」とは、歴史のなかで「生者のエゴイズム」によって利用され、専有され、あるいは排除された無数の死者たちと共存する共同体であり、その死者たちとの共闘としての運動であります。「生者のエゴイズム」からなる現代の国家と社会を作りかえていくのは、死者たちとともに歴史を共有し、死者たちとこの世界で共存し、共闘しようとするものの運動であるでしょう。

〈注〉

（1）戦後の靖国神社をめぐる政治的事態の経過については田中伸尚『靖国の戦後史』（岩波新書、二〇〇二）参照。

（2）「公式参拝」とは国家の代表である首相の立場を明示しての参拝をいう。中曽根首相は一九八五年八月一五日に靖国神社に「公式参拝」をしたが、中国、韓国をはじめアジア諸国からの批判によって翌年の参拝を中止した。なお公的であるか、私的であるかという参拝形式が日本で問われるのは、憲法が公的機関の宗教法人への関与を禁止しているからである。靖国神社は一宗教法人である。そこから小泉首相のように、「私の信念に基づく参拝である」といった詭弁が用いられたりする。

（3）小泉首相は二〇〇一年八月一三日に、内外の批判を押し切る形で靖国神社への公的参拝を断行した。その後、国際的、国内的な批判のなかで参拝日を変えたり、「私の心の問題」といった詭弁を用いたりしているが、一国首相が一国の戦死者に靖国の社前で礼拝することの正当性については決して譲ることをしていない。それは五回にわたる靖国参拝として示されている。

（4）戦争による犠牲者を「国家のための犠牲者（英霊）」とすること自体、国家による死者とそして生者管理のイデオロギーにもとづくが、靖国はまさしくこのイデオロギーにしたがって、戦争犠牲者を選別し、日本の軍事的犠牲者のみを、遺族の了解もなしに一方的に護国の英霊として祀るのである。したがって靖国神社を日本の戦争犠牲者の中心的な祭祀施設とすること自体が、軍国主義日本が作った虚構である。

（5）満州事変開始の一九三一年から、日中戦争、太平洋戦争を包括して、四五年の敗戦にいたる日本の対外戦争の全体を称して「十五年戦争」という。

（6）「東亜」が何であったかについては、私の『「アジア」はどう語られてきたか』（藤原書店、二〇〇三。韓国語版『東亜・大東亜・東アジア』歴史批評社、二〇〇五）を参照されたい。

（7）講座『アジア新世紀』第8巻「構想」（岩波書店、二〇〇三）の総合討論「アジア学の作りかた、アジアの作りかた」における莫邦富の発言。

（8）二〇〇二年一一月に成均館大学校で開催された「東アジア学国際学術会議」で私は「昭和日本と「東亜」の概念」（前掲『「アジア」はどう語られてきたか』所収）という報告をした。

（9）上原専祿『死者・生者――日蓮認識への発想と視点』未來社、一九七四。

（韓国学中央研究院・講義4〈二〇〇六・五・一八〉。

のちに、崔文衡氏との共著『歴史の共有体としての東アジア』藤原書店、二〇〇七に収録）

九　思想史の方法——『論語』をどう読むか

　私の講演の主題として求められたのは「思想史の方法」である。しかし私の思想史の方法は、私の思想史的作業と離れてあるわけではない。また私は思想史的作業と切り離して、その方法論を抽象的に論じたいとは思わない。この数年来私は市民講座で『論語』を方法論的な意識をもって読んでいる。そこで「思想史の方法」という課題に、私は『論語』をどう読むかいう問題をめぐって答えることにした。

『論語』とは東アジアにおける思想史を考えるものにとって究極的なテキストとしてある。東アジアにおける思想史の問題も方法も、究極的にはそこに遡って問われるような。『論語』を私がどう読むかということは、私という日本の思想史家の方法を究極的な形で問うことだと考えられる。勿論私は当初からそのような問題意識をもって『論語』を見ていたわけではない。私が『論語』の講義を始めたのは市民講座においてである。私は当初、「伊藤仁斎は『論語』

をどう読んだのか」という問題意識に従って『論語』を読むことを私の講座のテーマとしてきた。それが日本思想史家としての私の『論語』の読み方だと思っていた。私は思想史家としての読み方に自己限定していたのである。だがやがて後世のものが『論語』を読むことは、先人の読みの痕跡を辿ることなくしてありうるのかと疑われてきた。後世のものが『論語』を読むとは何かが、問われてきたのである。

1　二千年の読みの痕跡

私は初め、たとえば「伊藤仁斎は『論語』をどう読んだのか」という視点から『論語』を読むことが、思想史家としての読み方だと考えていた。それは『論語』へのアプローチを思想史家として自己限定したものと私は考えていた。『論語』の読み方をそのように自己限定した時に、私はこの自ら限定した読み方の向こうに中国学者による専門的な『論語』注釈学的読解を見ていた。彼らにとって先ず『論語』とは原典としてのオリジナリティーを備えたテキストであった。そして古注疏から新注、後世の諸注釈をもふまえた己れの解釈作業をもって『論語』の読みを彼らは完成させるのである。この読解者において完成されたオリジナルな読みが、専門的読解者としての権威を与えていくのである。私はこの専門的権威の世界を外部から踏み込みえない神聖な領域として、(1)自分の『論語』の読みをあえて思想史的に自己限定したのである。

たとえば伊藤仁斎は朱子に対立しながら『論語』をどう読んだのか、さらに荻生徂徠は朱子とともに仁斎をも批判しながら『論語』をどう読もうとしたのかと、思想史的視点からの『論語』読解の立場に自己限定したのである。しかしそのような視点からの読みを重ねていくうちに、『論語』を読むことは先人の読みの迹を辿ることなくして、あるいは辿り直すこと、すなわち読み直すことなくしてはありえないのではないかと考えられてきたのである。

『論語』とは東アジアにおいて歴史的、空間的に最も多くの人びとによって、そして広い範囲の人びとによって読まれてきたテキストである。だから『論語』のテキストの上には二千年をこえる歴史における東アジアの人びとの読みと読み直しとが堆積しているのである。『論語』のテキストとは二千年にわたる読みの痕跡である。その痕跡はテキストの上にあるだけではない。われわれの知的な遺伝子または言語としてもある。それゆえわれわれは『論語』を読むときに、この痕跡を辿らずに読むということはありえない。あるいは無意識のうちにわれわれはこの痕跡によって読んでいるのである。この痕跡のなかでもっとも際立ったものは朱子が刻したものである。朱子以降、その読みの迹を辿ることなくして『論語』を読むことはありえなかったのである。仁斎においても朱子の痕跡を辿り直すことで、始めて彼の『論語』の読みがあるのである。だが『論語』が先人の読みの痕跡を辿り、辿り直すことなくしては読めないということ、あるいは『論語』を読むとは先人の読みを読み直すことだということは、

『論語』特有のことだろうか。私は一般に経典とされ、古典とされるテキストとはこの性格をもったものだと考えている。さらに『論語』というテキスト自体が読み直され、問い直された痕跡を原初的に示すテキストだと考えている。そのことは後にのべる。

『論語』のテキストが先人の読みの痕跡としてあり、その痕跡を辿り直すこととして『論語』の読みがあるとすれば、伊藤仁斎の読みを辿り直しながら『論語』を読もうとした私の読み方は、思想史的な読みへの自己限定などと自ら卑下する必要のない、むしろ自覚化された正しい読み方だとみなされてくるのである。私は現在方法論的な意識をもって『論語』を読んでいると最初にいったのは、この読み方をいうのである。

2　閉じた『論語』と開かれた『論語』

『論語』の読みを私があえて思想史的な読み方に自己限定した時に、私は向こう側に踏み入ることのできない専門的な学者による『論語』注釈の世界を見ていたといった。そして『論語』とはそこでは原典としてのオリジナリティーを備えたテキストであったともいった。この原典としての『論語』存立の一個性《オリジナリティー》は、その『論語』を完結的な解釈体系に収め入れる注釈学的解釈者の一己性《オリジナリティー》に対応している。その際、諸注が参照されたかどうかが問われることではない。あるいはこの解釈が朱子解釈の現代的再構成であることが、解釈者におけるこの一己性を否定する理由にはならない。朱子解釈が既に偉大な一己性をなすとすれば、その現代的な再生もまた解釈者の一己性を再生するのである。そして注釈的解釈者の一己性に対応して、『論語』は原典としての一個性を備えたテキストとなるのだ。その際、『論語』のテキストが成立史的に不完全なものとみなされようと、そのことが原典としての一個性を損なうものではない。『論語』解釈を己れにおいて完結させる解釈者の一己性に対応して、『論語』は一個性を備えた原典的テキストとなるのである。

ここでは『論語』とは、ああでもありこうでもあるという多義的な解釈をゆるすテキストであってはならない。あるいは解釈しきれない何かを残すようなテキストであってはならない。要するに『論語』テキストが解釈者の内部に収容しきれない外部であってはならないのである。したがってここでは『論語』テキストは閉じられた内部的なテキストとなるのである。テキストそれ自体は閉じられても、開かれてもいない。それを閉じさせるのも、開かせるのも読み手によるのである。

私は『論語』のテキストの上に先人の多様な読みの痕跡を見る。そのことは『論語』というテキストをどのように見ることなのか。それは多様な解釈の比較検討によって相対的に妥当な解釈を導く折衷主義的見方をいうのか。だが折衷主義とはすでに近世末期日本の儒家がとる経典解釈の方法であった。現代の『論語』解釈も多かれ少なかれ折衷主義的であるだろう。しかし折衷主義は解釈の変容をもたらしても、テキスト観の変容をもたらすものではない。そこではなお『論語』テキストは相対的に妥当な折衷主義的解釈をもって蔽い尽くされる一個の原典的テキストであり続けるのである。では私が『論語』テキストに多様な読みの痕跡を見るという時、それは『論語』テキストをどのように見ることなのか。私はたとえば仁斎が朱子と抗いながら『論語』をどう読んだのかというように、彼らの読みを通して『論語』を見る。その時、『論語』のテキストは仁斎や朱子の読みを辿る私のいわば参照系として彼らの解釈の向こうに見られる外部的テキストになる。この参照系としての『論語』のテキストは、解釈を相対化しながら、しかし己れの絶対的な解釈を要求する実体的テキストではない。むしろ新たな読みを常に可能にしていく開放的なテキストである。

3 『論語』の原初性

私はかつて「鬼神論」を論じた際[2]、『論語』の「季路問事鬼神」章（先進）に鬼神の言説化の最初のあり方を見出した。そこでは鬼神に事えることが、東アジアの人間史の上で最初に問われているのである。長く生活と慣習の中にあった鬼神祭祀が、ここで始めて問われ、問い直されているのである。

「未だ人に事うること能わず、焉んぞ能く鬼に事えん」という孔子の言葉は、鬼神に事えることの意味を最初に問い直すものである。私は『論語』とは、「学」とは何か、「道」とは何か、「礼」とは何か、「信」とは何かと孔子によって最初に問い直されたことの記録だと見ている。『論語』が「学びて時に之を習う」の言葉から始まるように、孔子は「学ぶ」ことの意味を問い、その重要さを最初に説いた。人間は学習的存在だといわれる。人間は学習することなくして自立しない。孔子はこの学を最初に問うたのである。学ぶとは何か、そして何を学ぶのかと。孔子はこの学ぶことを始めて自覚化した。孔子は弟子とともに学ぶものの集団を最初に作ったのである。もしこれを学園と呼ぶなら、それはあくまで孔子とともに学ぶものの集団であって、決して教育施設ではない。

問いの原初性とは、問われることが本質的であることである。「学」とは何か、「礼」とは何か、「信」とは何かが、われわれがここに立ち返って考え直されねばならないものとして、『論語』では原初的に問われ、答えられているのである。たとえば「学びて思わざれば則ち罔し。思うて学ばざれば則ち殆うし」（為政）という言葉は、現代のわれわれにそこに立ち返って考え直すことを促す言葉である。

■為政第二・一五

子曰わく、学びて思わざれば則ち罔《くら》し。思いて学ばざれば則ち殆《あや》うし。

○学ぶとは先人・先師について学ぶことである。思うとは己れの心に問うことである。孔子は、学ぶだけで自ら思うことをしなければ、昏い、明らかではない。自分で思うことだけして学ぶことがなければ、それは危なっかしいといっているのである。われわれが考えねばならない重要なメッセージがここにはある。

仁斎は「古訓に稽《かんが》える、これを学ぶという。己が心に求むる、これを思うという」と「学ぶ」と「思う」の字義を解して、「天下の善を会してこれを一にするは、学びの功なり。深きを極め、幾を研き、鬼神と功を同じくするは、思いの功なり。学びの功たるや実、思いの功たるや神。学んで思わざるときは、則ち実に得るところ無し。故に罔し。思いて学ばざるときは、則ち心を師として自から用う。故に殆うし」（論語古義）と孔子の言を解釈している。仁斎はわれわれにおける「学ぶ」と「思う」こととを考えるというよりは、孔子における両者をいっている。ここに見るのは、孔子における学問と思索の功を称賛する言葉である。朱子も、「これを心に求めず、故に昏くして、得るなし。その事を習わず、故に危うくして、安からず」（論語集注）と字義の解を出ていない。

［評釈］古訓に考え、先賢にしたがう「学び」と、自分の心に問い、求める「思い」とを対置して、前者のみによることの弊を昏いといい、後者のみによることの弊を危ういと孔子はいっている。この「学び」と「思い」との対置による発言がもつ重要さを、あらためて考えてみよう。私は人間の精神的活動における受動的学習と能動的思索の両側面についての大事

な示唆がここにあると見る。人間は学習的存在だといわれる。人はまず親から、周囲から学ばなければ自立することはできない。学ぶという受動的な学習は、人の自立的な活動の基礎である。人間が自立するには、まず自分の生存する世界を学習によって受容しなければならない。この世界の受容が自立する人間の基盤にある。この人間の受動的な学習という基盤によって、人間の能動的な自立的な精神の働きもあるといえるのである。学習による世界の受容過程抜きに、人の本当の自立はありうるのか。それは自立と見えて、その実はただ自分勝手であるだけではないか。受動的な基盤無しの自立は、自分勝手で危なっかしいのである。だがひたすら受容するだけで、みずから思い、考える精神の能動性をもちえない人間は世界を自分の目で見ることはできない。彼には世界への見通しはない。彼にとって世界は昏く、ぼんやりしたままである(3)。

『論語』の原初性とはそこでなされる問い、問い直されることの原初性である。やがて体系化され、系統付けられる儒家教説・儒家倫理学説の『論語』における始まりをいう原初性ではない。後者のような始まりを『論語』に見る者は、最初の問いがもつ、あるいは最初の言葉がもっている本質的で、衝撃的でもある意味を読み取ることはない。

4 孝について

東洋史学者桑原隲蔵に『中国の孝道』[4]（宮崎市定校訂、講談社学術文庫）という著作がある。小著ではあるが、「中国の孝道」という重要な主題についての日本のほとんど唯一の学術的著述である。桑原はこの著述を、「孝道は中国の国本で、又その国粋である」という言葉をもって書き始めている。もちろん孝道が国体でもあったのは清代にいたる旧中国においてである。日本でも孝は君に対する忠と結合され、忠孝道徳は国民道徳の根幹をなすものとされた。こうした孝道や孝の教えは孔子に淵源するものとして、孔子の名によって唱えられた。孝道の経典である『孝経』も孔子の言葉を伝えるものとされた。しかし『孝経』のテキストとしての成立は、他の儒家経典と同様に漢代であり、その正統テキストは唐の玄宗皇帝による御注『孝経』として下付されたのである。したがって『孝経』にあるのは皇帝支配の中国国家を背景にした「孝」の教えである。孝は家族における道徳であるとともに、国家の君主に仕える道徳として国家的政治的意味を賦与されるのである。さらに孝は天子から庶人に至るまでの普遍的な道徳原理であるとされる。こうして孝道は桑原がいうような中国の国体であり、国粋であるというような性格をもつにいたるのである。だがこれは皇帝的国家が展開させた孝道イデオロギーであって、孔子の『論語』における孝の教えとは関わりのないものであるはずである。にもかかわらず孔子の言葉はこの孝道イデオロギーの淵源であるとされることから、孔子の『論語』における言葉はわれわれには辿りにくいものになっている。その言葉の上に帝国的孝道の幻影が常に漂っているのである。

■為政第二・五

孟懿子、孝を問う。子曰く、違うこと無かれと。樊遅御たり。子これに告げて曰く、孟孫、孝を我に問う。我対えて曰く、違うこと無かれと。樊遅曰く、何の謂いぞや。子曰く、生けるときは、これに事えるに礼を以てし、死するときは、これを葬むるに礼を以てし、これを祭るに礼を以てす。

○孟懿子は魯の国の大夫で、仲孫氏、孟孫ともいう。ここで「孝」への問いに孔子が「礼に違うことなかれ」の言葉をもって答えた背景には、当時の魯の権力者をめぐる状況がある。諸橋轍次によれば、仲孫氏は、叔孫氏、季孫氏とともに当時の魯の国政を壟断していた権勢家であった。ともに魯の桓公から分かれた家柄であるため三桓と呼ばれ、ややもすれば権力にまかせて礼に反する僭越な行いが多かった。「孔子が礼に違うことなきを以て孝道であると教えんとしたのも、暗にこの僭越の行いを戒めるためであったであろう。」(諸橋・論語講義)。

[朱子集注]「人の親に事うる、始めより終わりに至るまで、礼を一にして苟《いやし》くもせざるは、その親を尊ぶこと至れり。この時、三家（三桓）は礼を僭す。ゆえに夫子これを以てこれを警

しむ。然れども語意渾然として、また専ら三家のために発せざるもののごとし。聖人の言たる所以なり。」

朱子はこれを権威を僭称する孟孫への誡めの言としながらも、なおそれをこえた孝の教えの普遍性を読もうとしている。親の生事葬祭を通じて礼をもって一貫することが孝道であることをここに読みとっているのである。

[仁斎古義]「それ孝とは、飲食奉養を以て至りとせずして、身を立て道を行うを以て要とす。故に生事葬祭、みな礼に違うことなきときは、則ち親に孝するの道尽く。」

仁斎は「礼に違うことなき」を道にはずれないこととして、親の生事葬祭を通じて、道にはずれないこと、正しく道を行うことが孝だと孔子は教えたとするのである。

[評釈]孔子は、つねに相手にしたがって説いている。孔子は抽象的、一般的にたとえば「孝」を説くことはしない。『論語』の問答的言語は、行為遂行的《パーフォーマティヴ》な性格をもった発言である。具体的な相手に対して具体的にそれに応じた発言を通して、孔子は回答していくのである。ここでも時の権力者である孟孫の孝の問いに、「違うこと無かれ」という答えを与えていくのである。これは孟孫への回答である。孟孫への回答として、これは意味をもっているのである。「違うこと無かれ」という「礼」は、権力者の恣意的行為に箍をはめるような社会的に容認された行為規範を意味することになる。この言葉によって孔子は、権力を誇示するよう

な自分勝手な葬祭が孝の実践だと思ったら、それは大間違いだよと諭しているのである。孔子の「違うこと無かれ」という言葉は、孝を定義するものではない。孝を行うことはどういうことかを問いかけているのである。だが後世の解釈はここから孝の定義を読みとっていくのである。朱子は、「人の親に事うる、始めより終わりに至るまで、礼を一にして苟《いやし》くせざる」ことこそが孝だとしていくのである。これは礼教主義的国家における孝である。渋沢栄一も一国結合の強固な基盤として孝をとらえるのである。この章の講義で渋沢はこういっている。「孝は百行の基にて忠臣は孝子の門に出ず。明治大帝の教育勅語にも、「汝臣民克く忠に克く孝に」と仰せられ、我が国風民俗の淳美なる、畢竟忠孝の二道に胚胎す。……そもそも一国結合の鞏固なるは一郷の和楽による。一郷の和楽は一家の団欒による。一家の団欒は子弟の孝道より生ず。文明社会に欠くべからざるは孝道なり。殊に金甌無欠の我が国体を永遠に維持するには、忠孝の両道をますます闡明せざるべからず。」(渋沢・論語講義)

こういう言葉を見ると、孝道イデオロギーを受容したのは徳川日本ではなく近代日本だと思われてくる。

■為政第二・七

子游、孝を問う。子曰く、今の孝はこれ能く養うを謂う。犬馬に至るまで皆な能く養う。敬せずんば何を以てか別たんや。

○この章の意味は難しくはない。朱子にしたがっていえばこうである。

人は犬馬を畜《か》い、みなよく養っている。もし親を養うに、敬をもってしなければ、犬馬を養うこととどこが異なるのか。「甚だしく不敬の罪をいい、以て深くこれを警しむる所以なり」という言葉をつけ加えている（論語集注）。敬とは恭と同じく相手にうやうやしく対する心遣いであるだろう。仁斎は、「左右に仕えて、朝に御機嫌をうかがい、夕べに寝床をととのえ、飲食、衣服、寒暖の節に至るまで、敬《うやうや》しくして怠らない」ことだとしている（論語古義）。徹底した心遣いをいっている。孔子がいうのもこうした心遣いであるだろう。

［評釈］ここで大事なことは、孔子は親を養うことを孝としてきたことに、一言あるいは一事をつけ加えたことである。敬という心遣いをもって養うことで、親を養うだけの孝は本当の人間の孝になるのだよ、と教えたのである。孔子の教えというのはこの一言をつけ加えることにあるともいえるだろう。しかしだれもそれまでつけ加えなかった一言を、孔子がつけ加えたのである。この一言によって孝は人間の大事な道徳として成立するのである。孔子における孝の成立を私たちはこの章によって考えてみる必要がある。孝がやがて国家の道徳体系の基底に置かれることによって、あるいは家族制度を支えるイデオロギーとなることによって、孔子がつけ加えた一言の意味は失われるのである。

5　『論語』における時差

『論語』というテキストには時差あるいは落差がある。それは孔子の発語とテキスト上の文章との間の、師孔子と弟子たち・継承者との間の、また質問者と回答する孔子との間の距離《ディスタンス》（差異）である。経典テキストは一般にこの距離をもって成立するといえるが、師弟間問答の継承された記録としての『論語』はそのテキスト内部に多様な距離をもっている。従来の『論語』注釈はこの距離を見ることはない。原典としての一個性の認識がテキスト内部の距離を見失わせる。

■学而第一・二

有子曰く、その人と為りや孝弟にして、上を犯すことを好むものは鮮なし。上を犯すことを好まずして、乱を作すことを好むものは、未だこれ有らざるなり。君子は本を務む。本立ちて道生ず。孝弟は、それ仁を為すの本か。

○有子は孔子の有力な後継者の一人であった。この章は孔子の学の有力な継承者の発言によってなるものであることを、まず考えねばならない。すなわち継承者の立場から孔子の教えにある整理がなされているのである。ここで「孝弟」という年長者に対する道徳を社会体系（政治体系）のなかで位置づけることが考えられたり、この「孝弟」と「仁」との関係が問われたりするのは、孔子の教えが弟子や後継者において再構成されていくあり方、すなわち儒家教説の形成のあり方を原初的に示すものとみなされる。だからこの章は基本的にポスト孔子的言説である。

これはポスト孔子的言説である。『論語』がこのポスト孔子的言説を学而篇の首章に次ぐ位置を与えていることは、『論語』自体がポスト孔子的性格をもって成立するものであることを示すものである。テキスト自体が距離をもって成立するのである。孔子と有子との距離は、孔子の教えの再構成に向かわせるのである。継承者における儒家教説の成立をこの章は原初的に示している。

■雍也第六・二二

樊遅、知を問う。子曰く、民の義を務め、鬼神を敬してこれを遠ざく、知と謂うべし。仁を問う。曰く、仁者は難きを先にし、獲るを後にす。仁と謂うべし。

○樊遅を質問者とした章は多いわけではない。だが樊遅を質問者とした数少ないそれらの章の殆どは孔子の教えの根幹をなす概念を問うものである。孔子は仁について多くのことを語っている。しかしその孔子に向けて端的に「仁を問う」という質問を向けたものは少ない。その数少ない「仁を問う」という質問の三つまでが樊遅によるものである。樊遅の名はこの「仁を問う」、あるいは「知を問う」という質問とともに後世に記憶されていったのであろうか。私もまた樊遅の名を知るのはこの雍也篇の章によってである。

ところで樊遅によるこの原理的な質問に、孔子はどう答えるのか。孔子の答えは質問者に即して具体的である。根幹的な概念をめぐる原理的な問いに、孔子は決して抽象的な概念的な言葉をもって答えない。いま樊遅は「知」を問うている。その問いに対する、「民の義を務め、鬼神を敬してこれを遠ざく」という答えは、後世のわれわれには予想することはできない。もうわれわれにはこういう答え方はない。考えてみれば、『論語』における孔子の答えは、ほとんどすべて質問者に即した具体的な答えからなるものである。言語や思惟の抽象化は、この具体的な孔子の回答の解釈から始まるのである。すなわち質問の概念性と回答の具体性との間にある距離を解釈の言辞で埋めていこうとするのである。「仁」や「知」の概念はこの解釈の言辞によって成立する。このように見てくると『論語』という孔子のテキストがもつ原初性があらためて考えられてくる。われわれが『論語』テキストを蔽う解釈を、思想史的読解によって後世の解釈として相対化していくことは、『論語』テキストの原初性を解釈の向こうに見出していくことである。それは『論語』のオリジナルなテキストを見出すことではない。われわれが見出すのは、なお可能性をもって開いているテキストである。われわれがなお意味を問いうる可能性をもったテキストとして『論語』を見出すことである。『論語』テキストのその可能性を私は『論語』テキストの原初性というのである。

いまこの樊遅の問いと孔子の答えから、「知」の近代的概念というべきものを導くのは仁斎である。

［仁斎古義］敬とは侮らないことをいう。遠ざけるとは、黷《けが》さないことである。われわれの力をもっぱら人道において当為とされることに用いて、知るべからざる鬼神に媚びて求め願ったりしないことこそ知の至りである、という意である。「鬼神を敬して、これを遠ざけるものは、その知をよく用いることができて、惑うことのないものである。もし日用当に務むべきことを棄てて、力を遙か渺茫たる境域に用いようとすることを知ということはできない。」（論語古義）この言葉は先進篇の「鬼神に事えんことを問う」章の注釈で仁斎がいう言葉に対応している。「蓋し仁者は力を人道の宜しきところに用いて、智者はその知り難きところを知ることを求めず。苟も力を人道の宜しきところに用いて、また能く生存の道を尽くすときは、則ち人倫立ちて、家道成る。学問の道に於いて尽くせり。」

ここには不可知・不可測の世界に向かうことをせずに自己限定する知という概念の成立を見ることができる。これは奨遅の問いに、孔子の答えをふまえて仁斎の解釈が出した回答である。

○本章後段の「仁」への樊遅の問いに対する孔子の、「仁者は難きを先にし、獲るを後にす。仁と謂うべし」という答えについて、朱子はこう解している。

「その事の難きを先にして、その効の得る所を後にするは、仁者の心なり」（集注）と。しかしこのように解したところで樊遅の問いと孔子の答えとの間にある落差を埋めることはできるだろうか。この落差を埋めるように程子は、「難きを先にするは、己れに克つなり。難き所を以て先として、獲る所を計らざるは、仁なり」（集注）というように、「克己復礼」の仁まで動員して解釈している。それにしてもこの落差は埋めがたいのだ。なぜ「仁とは何か」の問いに、孔子は「難きを先にし、獲るを後にす」と答えたのか。これは質問者樊遅の特殊性によるのか。朱子は、「これ必ず樊遅の失に因りてこれを告ぐるならん」（集注）と、樊遅の欠点を窘める意味を読もうとしている。『論語』には、「小人なるかな樊遅や」と称した孔子の言葉がある（論語・子路）。ある時、樊遅が「稼（穀物栽培）を学びたい」と孔子に申し出た。孔子は、「私は老農には及ばない」と答えた。さらに樊遅は「圃（畑作り）を学びたい」といった。孔子はまた「私は老圃にかなうものではない」と答えた。樊遅が退出した後、孔子は君子として学ぶべきものを取り違えている樊遅を「小人なるかな、樊遅や」と称したという。この樊遅にしてあの問いがあり、この樊遅にして孔子のあの答えがあるのかもしれない。だが樊遅の人物評はこの問答の状況説明になっても、それをもってあの問答間の落差を埋めてはならない。なぜ孔子は樊遅の問いにあのように答えたのか。この問題は、多かれ少なかれ『論語』における孔子と弟子との問答がすべてもつ問題である。あの問答間の落差を落差として認識するところから、『論語』における孔子の言葉がもつ新たな意味への探索が始まるのである。人に教えるとは何であるのか、と。

6　学の終わりと継承

顔回の若い死は孔子を慟哭させた。「かの人の為に慟ずるに非ずして、誰が為にせん」（先進）と孔子はいい、「噫《ああ》、天予《わ》れを喪ぼせり」（先進）と慨いたという。『論語』で孔子がその言葉の上に感情を生に表出させているのは顔淵の死に際してのものだけである。自分の学を継ぐものは彼を措いてはないと頼んだ顔淵を奪われたことを、孔子は「天が私を見捨てた」と慨いているのである。孔子は顔淵の死をもって、己れの学の終わりを知らされたのかもしれない。『論語』には顔淵の絶後の人となりをいう孔子の言葉がいくつもある。「絶後の人となり」といったが、孔子はたしかにそう思ったのである。前にも後にも顔淵のような弟子はありえないと。それは失われた大事な子供が、親の追憶の中でますます最愛の子の姿をとっていくようにである。

■雍也第六・二

哀公問う、弟子孰れか学を好むと為す。孔子対えて曰く、顔回なる者あり、学を好む。怒りを遷さず。過ちを貳びせず。不幸、短命にして死せり。今や則ち亡し。未だ学を好む者を聞かず。

○これとほぼ同内容のものが先進篇に季康子の問いとしてある。「怒りを遷さず。過ちを貳びせず」は「学を好むものは誰か」の問いへの答えとしてはふさわしくない。渋沢はこれを哀公に与えた誡めと解している（渋沢・論語講義）。私もそのように解したい。先進篇のものは、「孔子対えて曰く、顔回なる者あり。学を好めり。不幸短命にして死せり。今や則ち亡し。」となっている。「今や則ち亡し」を多くは「（顔淵は）もうこの世にはいない」と解するが、しかしそれは「不幸、短命にして死せり」を無駄にくり返しているようである。むしろ顔子が失われた今、好学の弟子はもういないと解すべきだろう。亡は無と同じとしてそう解すると、「今や則ち無し」と「未だ学を好む者を聞かず」とは重複する。銭穆は、もともとここは、「今や則ち未だ学を好む者を聞かず」であったという説を挙げて、「惜しむべきは回を短命で失ってしまったことです。今はまだ好学のものがいるとは聞いてはいません」と訳している（論語新解）。

○私も「今也則亡」を「好学の士は顔回以後もういない」と解したい。七十子を称される弟子たちの中に孔子は顔回に並ぶものを見出していないのである。「学を好むものはもういない」という孔子の言葉は、顔回の死とともに己れの学はもう終わったという孔子の感慨を告げているようである。私は「噫、天予れを喪ぼせり」という孔子の言葉を、天が終わりを告げているることを孔子みずから感じとったものと解した。孔子は顔回の死をもって、己れの学を継ぐもの、より正確にいえば己れの学への志向を継承するものはないと知ったのである。「今也則亡」とは、孔子のそうした思いを告げるものであるだろう。

考えてみれば、孔子の学も思想も孔子その人をもって終わるのではないか。それは孔子だけではない。孟子についても、朱子についても、あるいは親鸞や道元についても、さらにはヘーゲルやマルクスについてもいいうることではないか。私がいいたいのは一人の学者・思想家・宗教者の終わりとその継承という問題である。学や思想の継承ということはあるのか。継承とは学派的・宗派的な教説の形成を意味するのではないか。朱子を継承するものによって朱子学とその学派が形成され、マルクスを継承するものによってマルクス主義が形成される。孔子を継承するものによって儒学が形成されるのである。孔子を継承するものの手によって成った『論語』は、その中にみずからの学の終わりを告げるような孔子の言葉をもつのである。それは学の形成と終焉とそして継承とを原初的に示すものではないか。私はさきに孔子の慨きを、「自分の学を継ぐものは彼を措いてはないと頼んだ」その顔淵を奪われたことの慨きだといったが、それは孔子の学が継承されていったことを知る後世の私による推測にすぎない。恐らく孔子の慨きは、継承者の喪失の慨きではない。

〈注〉

（1）この領域は制度的にも神聖な領域であり、この領域への外部的な乱入者は制度的な懲罰を受けることになる。

（2）子安『〈新版〉鬼神論――神と祭祀のディスクール』白澤社、二〇〇二。

（3）ここに掲げる論語評釈は、市民講座（大阪・懐徳堂研究会）における私の「論語講義」から引くものである。

（4）桑原隲蔵『中国の孝道』宮崎市定校訂、講談社学術文庫、一九七七。

〈引用・参照文献〉

朱子　『論語集注』『四書集注』藝文印書館印行。

伊藤仁斎　『論語古義』『日本名家四書註釈全書』論語部一。

諸橋轍次　『論語の講義』大修館書店。

銭穆　『論語新解』東大国書公司。

渋沢栄一　『論語講義』明徳出版社。

（台湾・清華大学人文社会研究中心〈二〇〇八・一一・二七〉）

あとがき

この世紀の始まる前後から私の東アジア世界との思想的関わりは、韓国や台湾の大学や研究機関などでの講座・シンポを通じて積み重ねられてきた。その記録なり成果はその都度報告集なりにまとめられてきた。だが私の「東アジア世界」への思想的関わりの全体をまとめてみるということを私はしなかった。この欠落を指摘しながら、私の「東アジア世界」をめぐる論集を提案して下さったのが白澤社の坂本信弘さんである。私がこの世紀の初めの時期、「日本ナショナリズムの解読」をテーマに市民講座を始めた時、この出版を提案し、それを実現してくれたのも坂本さんであった（白澤社、二〇〇七刊）。坂本さんは私の初期的問題関心に基づく学術的思想作業の意義を認め初版あるいは再版という形で本にしてくれた。それは『鬼神論』（白澤社新版、二〇〇二）であり、『歎異抄の近代』（白澤社、二〇一四）でもある。その坂本さんが私の市民講座を老齢ゆえに閉ざそうとする時期に現れ、「東アジア世界」に関わる私の思想作業の全体を見渡しうる論集の出版を促された。ある転機というべき時期に現れ、まさしく私にとっての転機をなすような著書の刊行を促す坂本さんという編集者の眼力に敬服して、私にとっての最後の著書というべき書の出版を坂本さんの手に委ねることにした。この書がわれわれにおける東アジア観の根底的な見直しを促す契機になることを坂本さんと共に著者である私も信じたい。

二〇二四年三月二九日

子安宣邦

《著者略歴》

子安 宣邦（こやす のぶくに）

1933 年生まれ。日本思想史家。東京大学大学院人文科学研究科（倫理学専攻）修了。大阪大学名誉教授。日本思想史学会元会長。

著書に、『思想史家が読む論語』（岩波書店）、『〈新版〉鬼神論』『日本ナショナリズムの解読』『「歎異抄」の近代』『三木清遺稿「親鸞」――死と伝統について』（白澤社）、『「アジア」はどう語られてきたか』『昭和とは何であったか』（藤原書店）、『国家と祭祀』『「近代の超克」とは何か』『和辻倫理学を読む』（青土社）など多数。

可能性《かのうせい》としての東《ひがし》アジア

2024 年 6 月 25 日　第一版第一刷発行

著　者　子安 宣邦

発　行　有限会社 白澤社《はくたくしゃ》

〒112-0014　東京都文京区関口 1-29-6　松崎ビル 2F

電話 03-5155-2615／FAX 03-5155-2616／E-mail : hakutaku@nifty.com

https://hakutakusha.co.jp/

発　売　株式会社 現代書館

〒102-0072　東京都千代田区飯田橋 3-2-5

電話　03-3221-1321㈹／FAX　03-3262-5906

装　幀　装丁屋 KICHIBE

印刷・製本　モリモト印刷株式会社

用　紙　株式会社市瀬

白澤社《はくたくしゃ》 刊行図書のご案内

発行・白澤社　発売・現代書館

白澤社

白澤社の本は、全国の主要書店・オンライン書店でお求めになれます。店頭に在庫がない場合でも書店にお申し込みいただければ取り寄せることができます。

〈新版〉鬼神論
——神と祭祀のディスクール

子安宣邦 著

定価2000円＋税
四六判上製224頁

伊藤仁斎、山崎闇斎、荻生徂徠、新井白石、平田篤胤ら近世日本の知識人が展開した「鬼神論」の世界。人が「鬼神」を語るとはどういうことか。独自の方法で日本思想史の流れを一変させ、子安思想史の出発点となった名著。新版刊行にあたり、「鬼神論」を読み解く意義を説いた「新版序　鬼神はどこに住むのか」を巻頭に付した。

日本ナショナリズムの解読

子安宣邦 著

定価2400円＋税
四六判上製232頁

日本思想史学の第一人者である著者が、本居宣長、福沢諭吉、和辻哲郎、田辺元、橘樸ら、近世から昭和初期にかけての思想を批判的に再検討し、国家と戦争の二〇世紀における帝国日本を導き、支え、造り上げてきた日本ナショナリズム言説を徹底的に解読する。子安思想史の方法的解読作業の新たな成果。

「歎異抄」の近代

子安宣邦 著

定価3400円＋税
四六判上製336頁

「私が引き受けようとしたのは、近代日本の知識人における『歎異抄』による「信」の思想体験を読み直し、辿り直すことであった」（「あとがきに代えて」より）。清沢満之から暁烏敏、倉田百三、三木清、野間宏、吉本隆明らはどのように『歎異抄』を読んできたか。近代日本知識人における『歎異抄』による「信」の思想体験を読み直し辿り直す。